누구보다 빨리 진짜 부자 되는 법

부^富의 임계점

하버드에서도 못 배우는
부와 성공의 법칙이 여기에 있다

"돈을 모으려면 반드시 지켜야 할 원칙原則이 있고 정도正道가 있다."

동양 고전 '대학大學'에 나오는 말이다. 이 말처럼 부자가 되려면 반드시 지켜야 할 원칙과 정도가 있다. 이 사실을 많은 이들은 간과한다. 그래서 부자가 되지 못한다고 나는 생각한다. 나는 맨손으로 500억 부자가 되었다. 그것도 지구 반대편 라스베이거스에서 말이다.

그 이야기를 지금부터 시작하려 한다. 그 전에 한 가지 조언을 하고자 한다. 그것은 바로 이것이다.

"너무 빨리, 쉽게 부자가 되려 하지 마라. 당신이 부자가 되지 못한 이유일지도 모른다. 부와 성공의 임계점을 넘어라. 세상 모든 성공과 부는 임계점을 돌파하는 순간 이루어진다.”

그렇다. 나는 부의 임계점을 돌파한 순간 부자가 되었다. 그것도 흔들리지 않는 진짜 부자가 말이다. 이제 우리 사회가 붙잡을 새로운 화두는 “임계점 돌파”다. 특히 부자가 되는 방법에 대한 부의 임계점 돌파에 관한 이런 책들이 세상에 많이 나왔으면 한다. 편법이나 요행으로, 얄팍한 기술과 잔재주로 쉽게 빨리 부자가 되는 것이 좋은 것이며, 누구나 그렇게 될 수 있다고 주장하고, 부추기는 책은 사람을 현혹하고, 가볍게 만들 뿐이다.

필자는 평범한 사람이었다. 그리고 세상에서 가장 가난한 사람 중의 한 명이었다. 하지만 지금은 아니다. 그 이야기를 하고자 한다.

세상에 내세울 만한 학벌이나 스펙도 하나 없는 흔하디흔한 평범한 소시민이 어떻게 500억 부자의 대열에 오를 수 있었을까?
700달러, 즉 한국 돈으로 85만 원 정도다. 백만 원도 안 되는 돈만 가지고 내가 내 인생을 바꾼 것이다.
나는 당시 85만 원뿐이었고, 그것만 가지고 시작했지만, 지금은 세계에서 가장 화려한 도시 미국 라스베이거스에 저택을 가지고 있고, 매년 세계 여행을 다니면서, 백만장자로 행복한 삶을 살고 있다.

그 이야기의 시작은 1982년 내가 20대 중후반이었을 때다. 나는 단돈 85만 원만 들고 미국 로스앤젤레스행 비행기를 타고 태평양을 건넜다. 무모하기까지 한 담대한 도전이었다.

미국에 도착하자마자, 잠잘 곳이 필요했다. 변두리에 있는 허름한 원룸 아파트를 우여곡절 끝에 찾아내고, 한 달 280달러를 주고 대여했다. 처음 며칠 동안은 전기도 들어오지 않았고, 밥상도 없었다.

라면 상자를 가지고 와서 그 위에서 초라한 식사를 했다. 평생 이때를 잊을 수 없다. 이 기억을 어떻게 잊을 수 있을까? 내 인생을 건 도전의 시작점이니 말이다.

근처 상점에서 한 달 치 먹을 것을 최소한 구매했다. 그러고 나니 수중에 남은 전 재산은 200달러였다. 한국 돈으로 24만 원 정도이다. 돈이 없어서 하루 두 끼를 먹었던 적도 많다. 미국에서의 삶은 낯설었고, 돈이 없어서 다른 사람들, 특히 이민자들보다 몇십 배 더 힘든 이민 생활이 시작되었다.

돈도 없고, 직장도 없고, 인맥도 없고, 자격조건도 없는 처지라 첫 시작은 상상 이상으로 힘들었다. 하지만 나는 포기하지 않았다. 나는 움츠러들지 않았다. 나는 기죽지 않았다. 하지만 그것만으로는 진짜 부자가 될 수 없었다.

과연 무엇이 출발선이 흙수저보다 더 못했던 나를 500억 부자의 반열에 오르게 했을까?

　이 책은 필자의 삶의 경험을 토대로 하여 썼기에, 믿을 만할 책이다. 이 책의 메시지는 독자들이 정해진 답처럼 얻길 바라는 메시지가 아닐 수도 있다. 하지만 한 가지 확실하게 말할 수 있는 것은 진짜 부자가 되고, 성공하는 사람들에게는 모두 공통점이 있다는 사실이다.
　부자가 되는 가장 확실하고 빠른 방법은 무엇일까? 부자가 되는 원리나 공식 같은 것이 존재할까? 이 책을 읽어보면 이런 궁금점에 대해서 어느 정도 해답을 찾게 될 것이다.

　부자가 되고 성공하는 가장 확실하고 빠른 방법은 바로 이 책에서 제시하는 '부의 임계점'을 돌파하는 것이다. 무엇이든 변화를 경험하고 도약하기 위해서는 임계점을 돌파해야 한다. 부자가 되기 위해서는 부의 임계점을 돌파해야 한다. 독서 천재가 되기 위해서는 독서의 임계점을 돌파해야 한다. 축구 국가 대표가 되기 위해서는 축구의 임계점을 돌파해야 한다. 트로트 여신이 되기 위해서는 트로트의 임계점을 돌파해야 한다.

　진짜 부자가 된 사람들의 단 한 가지 공통점은 바로, '한 분야에서 최소한 3년, 5년, 10년을 지속하는 힘'을 지니고 있었다는 점이다. 그래야 임계점이 보이고 돌파할 수 있게 되기 때문이다.

임계점을 돌파한 사람, 기본이 되어있는 사람은 절대 쉽게 하루아침에 망하지 않는다. 임계점을 돌파하지 않고, 쉽게 하루아침에 성공한 사람은 망할 때도 비슷하게 망한다. 세상에는 공짜가 없고, 정확하기 때문이다. 임계점을 돌파한 사람은 쉽게 흔들리지 않는다.

아무리 혹독하고 무서운 바이러스가 와도, 쉽게 당하지 않는 강력한 면역력과 같은 것이 임계점 돌파 성공법칙이다. 임계점을 돌파하지 않은 성공과 부는 사상누각이다. 쉽게 망하고 없어진다. 이것이 성공과 부의 절대 속성이다.

임계점을 돌파한 후 얻게 된 부는 쉽게 없어지지 않는다. 이것이 바로 진짜 부의 비밀이다. 임계점을 돌파하는 데 필요한 것은 얄팍한 잔재주나 편법이 아니라 소처럼 우직하게 전진해 나가는 꾸준함과 지속력이다.

우보만리형 인간이 성공과 부의 임계점을 돌파하고 진짜 성공과 부를 이룬다. 조급한 사람은 절대 성공의 임계점을 돌파할 수 없다. 그래서 부자의 반열에 오를 수 없고, 운이 좋아서 어쩌다 쉽게 부자가 되었다면, 그 부는 또한 쉽게 사라지고, 망하게 된다.

갈아타기를 너무 좋아하지 마라. 갈아타기로는 전문성을 키울 수 없다. 그 이상을 기대할 수 없다. 어떤 분야에서든 임계점을 돌파해야 한다. 그렇게 하기 위해서는 최소 3년, 5년, 10년이 필요하다.

진짜 부자 되는 법은 성공과 부의 임계점을 돌파하는 것이다. 최소 3년, 혹은 5년, 때로는 10년이 필요하고, 꾸준함이 필요하다.

기억하자. 이 책이 제시하는 메시지가 모든 사람에게 들어맞고, 꼭 필요한 부와 성공의 지침이 아닐 수 있다. 하지만 임계점 돌파보다 더 확실한 부와 성공의 법칙도 없을 것이라고 확신한다. 행운을 빈다.

_라스베이거스 500억 부자, 글로벌 1인 기업가, **로니 박**

나는 트리플 임계점을 돌파한 후
인생이 극적으로 바꼈다

    나는 임계점 전문가다. 나는 임계점을 돌파한 사람이다. 그것도 세 개나 말이다. 그래서 트리플 임계점 마스터라고 할 수 있다. 평생 살면서 단 하나의 임계점도 돌파하지 못한 사람이 많다. 그런 점에서 나는 이미 성공한 사람이다.

    내 인생에 첫 번째 임계점 돌파는 독서였다. 3년 동안 1만 권 독서를 하면서, 독서 내공과 수준이 기하급수적으로 발전하였다. 그 덕분에 평범한 직장인이 책을 쓰는 작가로 변신에 성공할 수 있게 되었다.

    임계점을 너무 가볍게 생각하는 사람이 있다. 하지만 세상에 임계점보다 더 무섭고 놀라운 것도 없다. 임계점의 위력을 어느 정도 잘 설명해 준 작가가 있다. 바로 [티핑 포인트]의 저자인 말콤 글래드웰이다. 그가 자신의 저서에서 소개한 이 사례는 임계점의 무시무시한 위력을 잘 알 수 있게 해 준다.

"큰 종이 한 장을 접고 또 접고 또다시 접어서 50번까지 계속 접으면, 마지막으로 접을 때 종이의 두께는 얼마나 될까?"

정답은 거의 태양에 도달할 정도의 두께가 된다. 만약 당신이 한 번만 더 접는다면 태양까지 왕복할 수 있는 두께의 거리가 된다.

내 인생에 두 번째 임계점 돌파는 책 쓰기였다. 10년 동안 100권의 책을 출간하면서, 인생을 송두리째 바꾸게 되었다. 책 쓰기의 임계점 돌파 덕분에 자기계발 1위 도서도 출간하였고, 10년 연속 베스트셀러 도서를 꾸준히 출간하는 베스트셀러 작가가 될 수 있었다. 이것이 임계점의 위력이다.

내 인생에 세 번째 임계점 돌파는 코치 분야였다. 8년 동안 500명의 작가를 양성한 책 쓰기 코치보다 더 의미 있는 것은 대한민국 성인 5,000명을 독서 고수로 양성한 독서법 코치라는 사실이다. 덕분에 대한민국 최고, 최대 독서법, 책 쓰기 학교 김병완칼리지가 탄생할 수 있었다.

필자는 독서의 임계점이라는 개념을 처음으로 세상에 알린 독서법 전문가이자 임계점 전문가다. 어떤 분야에서 탁월한 성장과 도약을 하는 것도, 천재가 되는 것도, 최고 수준의 전문가가 되는 것도, 부자가 되는 것도, 권위자가 되는 것도, 유명해지는 것도, 세상에 이름을 알리는 것도 모두 임계점을 돌파하는 순간 가능해진다. 세상의 모든 것에는 임계점이 존재한다.

물이 기체가 되는 임계점은 100도이다. 99도까지는 액체 상태였던 물이 100도가 되는 순간, 즉 임계점에 도달하는 순간, 기체 상태의 수증기가 된다. 물과 수증기는 전혀 다른 물질이라고 할 수 있다.

임계점을 돌파하면, 그 사람의 의식과 능력과 내공이 전혀 다른 수준으로 변한다. 그래서 임계점을 돌파하기 이전과 이후가 전혀 달라지고, 삶의 모습과 내용도 그것에 따라 바뀌게 되는 것이다.

물이 수증기가 되는 것은 바로 가난한 사람이 부자가 되는 것과 같다. 모든 것이 달라지기 때문이다.

세상에 공짜는 없다. 우리가 알고 있는 모든 천재, 과학자들, 국가대표들, 최고의 학자들, 부자들, 최고의 예술가들, 최고의 소설가들, 최고의 영화배우들, 최고의 감독들, 최고의 의사들, 최고의 선수들, 최고의 연예인, 최고의 시인, 최고의 화가들, 최고의 교육자들은 모두 임계점을 돌파한 이들이다. 그러므로 당신도 자신의 분야에서 임계점을 돌파하는 사람이 되어야 한다.

이 책은 당신이 임계점을 돌파할 수 있는 사람이 되도록 돕기 위해서, 임계점을 돌파하기 위한 다섯 가지 로드맵을 제시해 줄 것이다. 그뿐만 아니라 부의 임계점 법칙이 정확히 무엇인지, 부의 추월차선에서 간과된 중요한 사실은 무엇이며, 왜 빨리 부자가 되려고 하는 것이 잘못된 생각인지를 말해 줄 것이다. 더불어 탈무드와 성경을 비롯한 동서고금의 명저에서 발견한 부의 문장들을 소개하며, 부자에 대한 폭넓은 생각과 의식을 추적하여, 부의 의식 혁명을 이룰 수 있게 해 줄 것이다.

왜 힘들게 시간과 에너지를 투자해서 꼭 임계점을 돌파해야 할까? 임계점을 돌파한다는 것은 바로 자신의 내면에 잠자고 있는 연금술사를 비로소 깨우는 것과 같은 일이다.

부자들과 성공한 사람들이 힘들게 네트워크를 만들고, 부단히 공부하고, 신뢰를 쌓고, 평판을 좋게 하고, 인간관계를 넓히는 이유는 단 한 가지다.

부를 창출할 수 있는 시스템, 탁월한 솔루션과 전략, 독자를 사로잡을 수 있는 제품과 교육, 서비스와 아이디어를 좀 더 쉽게 빨리 구축하고 창조하기 위해서다.

하지만 임계점을 돌파한 사람은 사실 타인의 도움이 없어도, 이런 다양한 관계 구축과 환경이 없어도, 놀랍게도 어느 정도 이것이 가능하다. 즉 임계점을 돌파하게 되면, 혼자 힘으로 어느 정도의 시스템, 솔루션, 제품, 상품, 서비스, 아이디어, 전략을 구축하고 만들어 낼 수 있는 실력과 내공, 경험과 역량을 소유하게 된다. 이것이 바로 당신이 임계점을 반드시 돌파해야 하는 이유다.

임계점을 돌파하는 순간, 세상이 달라지는 것이 아니라 당신 자체가 달라진다. 당신의 사고와 의식과 내공과 경험의 수준과 차원이 달라지기 때문에, 임계점을 돌파하기 이전에는 보이지 않았던 탁월한 전략과 방법과 시스템과 제품과 서비스와 솔루션과 아이디어와 참신한 생각이 눈에 보이기 시작한다.

봉준호 감독, 한강 소설가, 방탄소년단BTS, 피터 드러커, 앨빈 토플러, 마사 그레이엄, 피카소, 헬렌 켈러, 스티브 잡스, 샘 월턴, 아인슈타인, 빌 게이츠, 워런 버핏, 레이 크록, 하워드 슐츠, 마크 저커버그 등은 모두 임계점을 돌파한 사람들이다. 이들은 자신의 분야에서 임계점을 월등히 돌파했기 때문에, 다른 사람이 보지 못하는 새로운 솔루션과 방법, 전략과 아이디어, 새로운 시스템과 제품, 탁월한 서비스와 솔루션을 구축하고 창조할 수 있었다.

임계점을 돌파했기 때문에 피터 드러커는 이미 존재했던 수많은 경영학자를 뛰어넘어 현대 경영학의 창시자가 될 수 있었다. 임계점을 돌파했기 때문에 앨빈 토플러는 이미 존재했던 미래학자를 뛰어넘어 세계에서 가장 유명한 미래학자가 될 수 있었다. 임계점을 돌파했기 때문에 마사 그레이엄은 이미 존재했던 무용과 발레를 뛰어넘는 현대무용을 창시할 수 있었다. 임계점을 돌파했기 때문에 피카소는 이미 존재했던 수많은 화법을 뛰어넘는 입체파를 창조할 수 있었고, 20세기 최고의 거장이 될 수 있었다.

임계점을 돌파했기 때문에 헬렌 켈러는 삼중고의 아픔과 장애 속에서도 이미 존재하던 시각, 청각 장애인을 뛰어넘어 세계 최초로 대학 교육을 받은 시각, 청각 장애인이 되었고, 세계적으로 유명한 사회사업가가 될 수 있었다. 임계점을 돌파했기 때문에 스티브 잡스는 이미 존재했던 스마트폰을 뛰어넘는 혁신적인 아이폰을 탄생시켜, 인류에게 스마트폰 혁명의 시기를 앞당길 수 있었다. 임계점을 돌파했기 때문에 샘 월턴은 이전에도 존재했던 백화점을 뛰어넘는 새로운 시스템이자 솔루션인 월마트를 탄생시킬 수 있었다.

임계점을 돌파했기 때문에 아인슈타인은 2000년 동안 정석으로 알고 있었던 기하학의 세계를 뛰어넘는 상대성 원리를 발견하고 창안할 수 있었다. 임계점을 돌파했기 때문에 빌 게이츠는 이전에도 있었던 컴퓨터를 뛰어넘어 자신이 만든 IBMPC가 전 세계 하나의 표준 PC로 자리 잡게 하여, 인류의 컴퓨터 대중화 시대를 선도하게 되었고, 자신은 세계 최고 부자의 반열에 오를 수 있게 되었다. 임계점을 돌파했기 때문에 워런 버핏은 이미 전 세계에 수도 없이 많은 투자자를 뛰어넘어 세계 최고의 투자 귀재가 될 수 있었고, 미국의 5대 갑부, 투자의 전설이 될 수 있었다.

임계점을 돌파했기 때문에 레이 크록은 이미 존재했던 햄버거 가게들을 뛰어넘는 맥도널드라는 브랜드와 시스템을 구축할 수 있었다. 임계점을 돌파했기 때문에 하워드 슐츠는 이미 존재했던 커피숍을 뛰어넘는 새로운 제3의 공간인 스타벅스를 창립할 수 있었다. 임계점을 돌파했기 때문에 마크 저커버그는 이미 존재했던 마이스페이스를 뛰어넘는 새로운 페이스북이라는 시스템을 구축하고 창조할 수 있었다.

세상에 공짜는 없다. 당신의 수준만큼, 내공만큼 당신은 부자가 될 수 있다. 당신이 가진 가치와 실력만큼 당신은 성공할 수 있다. 무엇보다 먼저 당신은 자신의 수준과 가치와 내공과 실력을 향상해야 한다. 이것을 향상하는 가장 확실한 방법은 임계점을 돌파하는 것이다. 임계점을 돌파한 사람은 다른 사람이 보지 못하는 것을 볼 수 있게 되고, 새로운 전략과 시스템, 방법과 솔루션, 새로운 상품과 서비스, 탁월한 실력과 역량을 창조하고 발휘할 수 있게 되는 것이다.

세상에 저절로 되는 것은 없다. [부의 추월차선]이 8년 전에 출간되었다. 이 책을 읽은 수많은 독자는 이미 백만장자가 다 되어있어야 한다. 하지만 그 책을 읽고, 그 책 덕분에 쉽게, 빨리 백만장자가 되었다고 하는 사람은 과연 몇 명이나 될까? 타고난 천재가 있다면, 모를 일이다. 하지만 평범한 사람들은 먼저 자신의 실력과 내공, 수준과 가치를 향상해야 한다. 이것이 먼저다. 임계점을 돌파해야, 추월차선도 가능하다.

임계점을 돌파하지 않은 사람은 레버리지를 사용할 수도 없고, 사용하지도 못한다. 임계점을 돌파한 사람에게는 부의 추월차선이 저절로 형성된다. 임계점을 돌파해야 비로소 레버리지도 제대로 사용할 수 있는 환경이 구축되고, 사용할 수도 있게 된다.

임계점을 돌파한 사람과 하지 않은 사람은 마치 강력한 최고의 브레인 집단 혹은 플랫폼을 하나 가지고 있는 것과 없는 것의 차이 이상으로 격차가 심해진다.

자. 이제 당신 차례다. 당신도 자신의 분야에서 임계점을 돌파하라. 임계점 돌파가 가장 우선이고, 제일 중요하다. 임계점을 돌파하면, 인생이 바뀌고, 부자도 될 수 있고, 성공도 할 수 있게 된다.

부가 당신을 기다리고 있다는 사실을 잊지 말라. 당신도 가능하다는 이 놀라운 진실을 절대 외면하지 말기를 진심으로 바란다. 누군가 이 책을 통해 진짜 부와 성공의 길을 걸어갈 수 있게 된다면, 정말로 행복할 것 같다. 행운을 빈다.

_ 삼성맨에서 신들린 작가로, 트리플 임계점 마스터, **김병완**

당신이 임계점의 대가가
되어야만 하는 단 한 가지 이유

_ 본문 중 부분발췌

　　세계적인 부자들을 이야기할 때 빼놓을 수 없는 사람들을 살펴보면 대표적으로 빌 게이츠, 페이스북의 마크 저커버그, 오라클의 래리 앨리슨, 블룸버그 통신 창업자인 마이클 블룸버그, 구글 창업자인 래리 페이지와 세르게이 브린, 알리바바의 마윈, 인디텍스그룹의 창업자인 아만시오 오르테가, 소프트뱅크의 손정의 회장, 청쿵그룹의 리자청, 그리고 한국에는 이건희 회장 등이 있다.

Q1. 이 사람들의 가장 큰 공통점이 무엇일까?

모두 주식이나 부동산 투자로 억만장자가 된 것이 아니라는 점이다. 다시 말해, 이들은 모두 자신의 분야에서 세계 최고의 실력과 역량과 경험과 내공을 갖춘 전문가이자, 임계점의 대가라는 사실이다.

주식과 부동산으로 부자가 된 사람들이 전혀 없는 것은 아니다. 주식과 부동산이 자신의 전공 분야이며, 자신이 평생 먹고 살아야 하는 주된 본업이었던 사람들, 즉 투자를 전문으로 하는 투자자 중에는 주식과 부동산으로 부자가 된 사람도 적지 않다. 하지만 우리가 간과해서는 안 되는 사실은 그들은 모두 주식과 부동산이 자신의 본업이었다는 사실이다.

Q2. 코로나 팬데믹 시대, 당신의 경쟁력은 무엇인가?

국내에서 개인 자산 순위 50위에 드는 한국 최고의 부자들!

이건희 삼성그룹 회장, 서정진 셀트리온 회장, 서경배 아모레퍼시픽 회장, 정의선 현대차 수석부회장, 신창재 교보생명 회장, 김상열 호반건설 회장, 이호진 태광그룹 전 회장, 구광모 LG회장, 이중근 부영 회장, 김준기 동부그룹 전 회장, 현대그룹의 정주영 회장, 정용진 신세계 부회장, 구본준 LG 전 부회장, 이화경 오리온그룹 부회장, 이해진 네이버 창업자, 이명희 신세계 회장, 정몽준 아산재단 이사장, 신동빈 롯데그룹 회장, 장평순 교원그룹 회장, 김범수 카카오 의장, 김정주 NXC 대표, 최태원 SK그룹 회장, 방준혁 넷마블 의장, 김택진 엔씨소프트 대표, 김범석 쿠팡 대표, 임성기 한미약품 회장, 김재철 동원그룹 회장, 이상혁 옐로모바일 대표, 신동국 한양정밀 회장, 김병주 MBK파트너스 회장 등을 언급할 수 있다.

자신의 분야에서 최고의 실력과 내공으로 부와 명예를 얻었던 사람들!

글로벌 축구 스타 손흥민 선수, 세계 최고의 가수 방탄소년단[BTS], 대한민국 최고의 예능 능력과 내공을 갖춘 이경규 씨, 유재석 씨, 강호동 씨, 서태지 가수, 박진영 JYP엔터테인먼트 대표, 방시혁 빅히트 엔터테인먼트 의장, 차범근 선수, 박세리 선수, 박지성 선수, 김연아 선수, 양준혁 선수, 안정환 선수, 박찬호 선수, 백종원 요리연구원, 안성기 영화배우, 봉준호 감독, 조수미 소프라노, 송가인 가수, 임영웅 가수, 송강호 영화배우, 전지현 영화배우, 차인표 영화배우, 조정래 소설가, 이문열 소설가, 김홍신 소설가, 한강 소설가, 엄홍길 산악인, 이지성 작가, 천병희 번역가, 강신주 철학자, 이순재 국민배우, 김이나 작사가, 이승엽 선수, 양희은 가수, 이국종 의사, 강수진 예술감독, 이준익 영화감독, 박칼린 음악감독, 이수정 범죄 심리학자, 김상근 인문학자, 이외수 소설가, 표창원 범죄 심리학자, 김대식 뇌과학자, 정여울 작가, 장석주 시인, 박웅현 광고인, 정호승 시인, 고병권 철학자, 서현 건축가, 황현산 문학평론가, 강수돌 경제학자, 김영하 소설가, 안상수 타이포그라퍼, 이

현우 서평가, 신달자 시인, 김난도 소비자학자, 이원복 만화가, 허구연 스포츠해설가, 이이화 역사학자, 이해인 수녀, 김영희 예능 프로듀서, 유홍준 미술평론가, 김정운 문화심리학자, 현정화 탁구 감독, 정진영 영화배우, 김탁환 소설가, 은희경 소설가, 김용택 시인, 황병기 소설가, 이상봉 패션디자이너, 황석영 소설가, 정재승 물리학자, 박범신 소설가, 이동진 영화평론가, 김제동 방송인, 장진 영화감독, 한비야 긴급구호팀장, 김훈 소설가, 이현세 만화가, 박석재 천문학자, 고도원 작가, 최재천 생물학자, 공병호 박사, 김미경 대표, 앙드레김 패션디자이너, 백남준 비디오작가, 정은경 본부장, 이만기 씨름선수, 김재엽 유도선수, 인순이 가수, 나훈아 가수, 이병헌 영화배우 등이다. 물론 이 외에도 너무나 많지만, 일일이 다 열거할 수 없을 만큼 한국 사회에는 자신의 분야에서 최고의 내공과 실력을 갖춘 임계점의 대가들이 많다. 이들 모두에게 존경을 표하고 싶을 뿐이다.

Q3. 한국 최고의 부자들과 이들의 공통점은 무엇일까?

대한민국 최고 부자 50인과 자신의 분야에서 대한민국 최고로 인정받고 있는 최고의 전문가이자 권위자들의 단 한 가지 공통점은 바로 "주식과 부동산 투자로 부자가 되거나 성공한 것이 아니라는 점"이다.

이들은 모두 자신의 분야에서 탁월한 실력과 역량을 발휘하기 위해 엄청난 노력과 시간을 투자하였을 뿐만 아니라, 한 우물을 끈질기게 계속 팠고, 어떤 시련과 역경에도 포기하거나 멈추지 않는 불굴의 도전 정신으로, 자신의 분야를 개척하고 길을 열었던 임계점의 대가들이라는 사실이다.

바로 이것이다. 무엇보다 임계점을 먼저 돌파하는 것을 부자가 되거나, 성공하거나, 유명해지기 전에 우선시해야 하는 이유다.

왜 당신이 굳이 임계점 대가가 되어야 할까? 그냥 평범하게 살아가면 안 될까? 그 이유는 앞으로 우리가 살아가야 할 나날이 언제나 맑은 날씨의 좋은 환경이라고 장담할 수 없기 때문이다. 때로는 폭우가 내릴 수도 있고, 심지어는 코로나와 같은 예기치 못한 태풍이 불어 닥칠 수도 있기 때문이다.

과거 IMF 때와 현재 진행형인 코로나 팬데믹 시대를 생각해 보자. 임계점을 돌파한 사람과 돌파하지 못한 사람은 코로나와 같은 위기의 순간, 그 차이가 극명하게 나타난다. 임계점을 돌파한 사람은 코로나 시대에도 좀처럼 흔들리지 않고, 무너지지 않고, 이겨 낼 수 있다. 하지만 임계점을 돌파하지 못한 사람은 무너지고 흔들리고 이겨내지 못하고 굉장히 힘겨운 나날을 보내야 한다. 이것이 당신이 임계점을 돌파해야 하는 이유 중에 하나다.

예측 불가한 최악의 상황이 왔을 때, 임계점 대가들은 자신의 가치와 진가, 내공과 역량이 더 크게 발휘되기 때문에 쉽게 무너지지 않을 뿐만 아니라, 충분히 이겨 낼 수 있는 내력을 가지고 있기 때문이다.

한마디로 임계점을 돌파하는 것이 최고의 경쟁력이며, 위기의 상황에서 생존 비법이며, 평상시에는 성공으로 가는 가장 빠른 길이며, 부자가 되는 가장 확실한 방법이다.

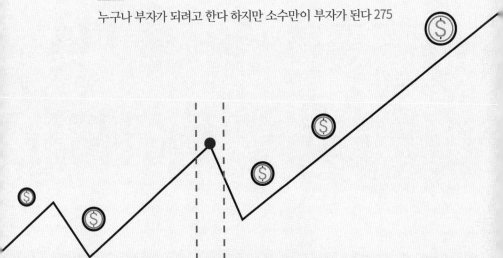

"부자의 재물은 그의 견고한 성이요,
가난한 자의 궁핍은 그의 멸망이니라."

:: '잠언' ::

제1장

부는 저절로 오지 않는다

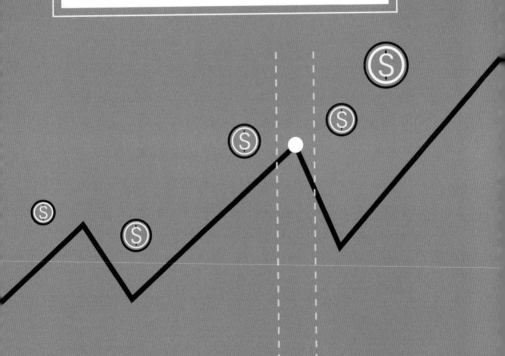

세상에 공짜는 없다

◉　"물이 깊지 않으면 큰 배를 띄울 수 없고, 바람이 세지 않으면 큰 날개를 띄우지 못한다."

[장자莊子] '소요유逍遙游' 편에 나오는 말이다. 이 말처럼 큰 배를 띄우기 위해서는 물이 깊어야 하고, 큰 날개를 띄우기 위해서는 바람이 세야 한다. 이러한 원리는 부자가 되는 원리뿐만 아니라 세상 모든 이치에도 그대로 적용이 된다.

그렇다. 세상에 공짜는 없다. 절대 이 사실을 잊어서는 안 된다. 하지만 너무 많은 사람이 이 사실을 망각하고 있다. 그 결과 너무나 많은 이들이 부자가 되지 못하고, 가난하게 사는 것이다.

세상에 공짜 점심이란 없다. 세상은 생각보다 정확하다. 내공이 없는 사람, 실력이 없는 사람, 준비가 안 된 사람이 저절로, 우연히, 운이 좋아서 부자가 된 사람은 이 세상에 단 한 명도 없다.

만약에 정말 100%, 전적으로 운이 좋아서 부자가 된 사람이 있다면, 이 사람의 부와 성공도 또한 불운이나 환경에 의해서 쉽게 사라지거나 잃게 된다. 이것이 세상의 법칙이다. 오랜 시간을 투자해서 힘들게 얻은 것은 잃을 때도 그렇게 된다. 하지만 하루아침에 손에 넣은 것은 또한 하루아침에 사라지게 된다.

트로트 오디션이 굉장한 인기를 얻고, 트로트가 열풍이다. 트로트 오디션을 통해 어마어마한 스타가 탄생하기도 한다. 이런 트로트 오디션은 코로나로 지친 국민에게 큰 기쁨과 즐거움을 선사한다. 그런데 이 오디션을 보면 공통점이 하나 있다.

실력과 내공이 없는 사람은 절대 승자가 될 수 없다는 것이다. 최후의 승자가 되는 사람들의 공통점은 오랜 시간 무명 가수 생활을 했다는 점이다. 즉 이들이 운이 좋아서 승자가 될 수 있었다고 생각하는 사람은 단 한 명도 없다.

세상도 이 오디션과 마찬가지다. 진짜 실력과 내공, 준비된 사람만이 부자가 되고 성공한다. 이것이 진리다. 그러므로 진짜 부자가 되고 싶은 사람이 있다면, 너무 빨리 부자가 되려고 하는 마음, 요행으로 공짜로 되려고 하는 공짜 심리를 지금 당자 버려야 한다.

공짜를 바라면 안 되는 이유는 무엇일까?
공짜를 바라면, 노력하지 않고, 편법을 사용하려고 하는 마음이 생기기 때문이다. 요행을 바라는 이런 공짜 심리가 강한 사람은 절대로 우보만리라는 작은 기적을 행할 수 없기 때문이다.

우리가 오늘 어떤 생각을 하느냐에 따라 우리의 삶의 모습과 내공이 달라지는 것은 바로 이것 때문이다. 요행을 바라는 마음이 강한 사람은 절대로 지금 하는 일에 전심전력을 기울이지 못한다.

이런 사람들은 미래를 위해 지금 무엇인가를 배우려고 하지 않고, 배운다고 해도 건성으로 하므로 그 분야에서 전문가가 되기 힘든 것이다. 어떤 분야에서든 전문가가 되기 위해서는 1만 시간 이상의 노력과 투자가 필요하다.

다시 말해, 하루에 서너 시간의 노력과 투자를 한다면, 최소 10년이라는 시간이 필요하다. 이런 사실에 대해서 정확히 이야기를 해 주는 사람이 바로 10년 법칙 이론을 주창한 앤드류 카슨 박사다. 그는 이런 말을 했다.

> "어떤 특별한 분야에서 세계적인 수준으로 자신을 자리매김하기를 원하는 사람이라면, 그 분야에서 지속적이고 정교한 훈련을 최소한 10년 정도 해야만 한다."
>
> - 앤드류 카슨, [10년 법칙 이론] 중

하버드 대학교의 심리학 교수이자, 교육 심리 이론의 세계적인 대가이면서, [다중지능, 인간 지능의 새로운 이해], [열정과 기질]의 저자이기도 한 하워드 가드너 박사도 이와 비슷한 말을 한 적이 있다.

> "어느 분야의 전문 지식에 정통하려면 최소한 10년 정도는 꾸준히 노력해야 한다. 창조적인 도약을 하려면 자기 분야에서 통용되는 지식에 통달해야 한다. 바로 이런 이유에서 10년 정도의 꾸준한 노력이 선행되지 않으면 의미 있는 도약을 할 수 없다."
>
> - 하워드 가드너, [열정과 기질] 중

그렇다. 최소한 10년이 필요하다. 당신이 전문가가 되기 위해서는 말이다. 부와 성공도 이와 다르지 않다. 정확히 일치한다. 당신이 부자가 되기 위해서는 최소한 10년이 필요하다. 왜일까?

바로 이 책에서 이야기하는 '부의 임계점'을 돌파하는 데 필요한 최소한의 시간이기 때문이다.

세상에 공짜는 없다. 이 진리는 부의 축적에만 적용되는 말이 아니다. 천재로 도약하고, 어느 분야에서든 대가로 인정받기 위해서는 필연적으로 그렇다. 보라. 모차르트도, 레오나르도 다 빈치도, 피카소도, 존 밀턴도, 대문호 도스토옙스키도, 다산 정약용도, 세종대왕도 모두 그들은 자신의 분야에서 임계점을 돌파하기 위해 최소 10년 이상을 투자하고 노력하고 준비하고 연습을 했던 인물들이다.

명심하자. 세상에 공짜는 없다. 공짜가 있다는 생각부터 버려야 성공할 수 있고, 부자가 될 수 있다. 부자가 되는 사람은 모두 부의 임계점을 돌파했다. 부의 임계점을 돌파한 사람만이 진정한 부자가 될 자격이 있다. 세상은 자격이 있는 사람에게 정확히 그 정도로 가치 있는 것들을 제공해 준다.

세상을 절대 너무 호락호락한 것으로, 만만하게 생각하지 마라. 세상을 만만하게 생각하는 사람은 모두 실패자로, 가난뱅이로 살게 된다. 세상은 당신의 생각보다 훨씬 더 정확하고 철저하다. 당신이 자격을 갖춘다면, 세상은 당신에게 흔들리지 않는, 없어지지 않는 견고한 부와 성공을 제공해 준다. 그것이 세상이다.

부는 저절로 오지 않는다

○ "부자가 되는 과학은 실제로 존재한다. 그것은 대수나 연산처럼 정확한 과학이다."

성공과 자기계발 분야의 선구적인 저자인 월러스 D. 와틀즈가 자신의 명저인 [부를 끌어당기는 절대 법칙The Science of Getting Rich]이란 책에서 한 말이다. 그의 말처럼 부자가 되는 확실한 과학은 실제로 존재한다. 그리고 이 말이 의미하는 것은 바로 '부는 저절로 공짜로 오지 않는다'라는 사실이다.

천재가 되거나 부자가 되는 것은 철저한 과학에 따라서 이루어진다. 어떤 과학일까? 바로 임계점을 돌파하기 위한 최소한 10년이 필요하다는 '임계점 10년의 법칙'이다.

과연 천재가 된 사람들, 부자가 된 사람들은 이런 법칙을 그대로 준수했을까? 태어나면서부터 저절로 신동이 된 사람들, 선천적으로 천재가 된 사람들은 없을까?

놀랍게도 우리가 알고 있는 대부분 천재가 태어날 때부터, 선천적으로, 저절로 천재로 태어난 인물들이 아니라는 사실을 아는가? 우리가 알고 있는 모든 천재는 대부분 후천적으로 '임계점 10년의 법칙'을 준수하고, 이런 과학을 통해 철저하게 후천적으로 만들어진 천재이며, 부자들이라는 점을 우리는 잊어서는 안 된다.

그 근거는 무엇일까?

가장 쉽게 많은 이들이 오해하는 모차르트와 피카소를 예로 들어보자.

모차르트 하면 무엇이 생각나는가? 많은 사람이 가장 크게 오해하고 잘 못 알고 있는 사실이 있다. 모차르트를 '음악의 신동', '태어날 때부터 엄청난 재능을 갖고 태어난 아이'라는 생각이다. 사실은 당신이 알고 있는 이런 이야기가 100% 틀린 이야기라는 사실이다.

모차르트를 평생 연구한 모차르트 전문 학자들과 연구원들이 있다. 이들은 당신보다 더 정확히 모차르트에 대해서 아는 사람들이다. 그런데 이런 사람들이 모차르트에 관해 쓴 많은 책을 읽어보면, 우리가 학교에서 배웠던 그 음악의 신동, 천부적인 재능을 가지고 있었다고 하는 모차르트라는 작은 아이는 어디에서도 찾아볼 수 없다.

과연 사실일까? 필자가 아닌 그를 평생 연구한 사람의 말을 직접 들어보자.

[우리 안의 천재성]이라는 책에서 저자 데이비드 솅크가 모차르트에 대해 언급한 부분을 살펴보면 그도 역시 처음부터 천재는 아니었다는 사실에 무게를 실을 수 있다.

> "매우 어린 나이에 작곡을 시도한 것은 대단하지만 어린 아마데우스 모차르트가 발표한 초기 작품들은 전혀 비범하지 않았다. 사실상, 그의 초기 작품은 단지 다른 유명 작곡가들의 모사에 불과했다. 11세부터 16세까지 작곡한 초기 일곱 개의 피아노 콘체르토 작품들은 '독창성이 거의 없고, 심지어 모차르트가 썼다고 하기도 민망하다'라고 템플 대학의 로버트 와이즈버그는 말했다. 본질적으로 모차르트는 피아노와 다른 악기로 연주하기 위해 다른 이들의 작품을 편곡한 것에 불과하다."
>
> - 데이비드 솅크, [우리 안의 천재성] 중

교육 이론의 대가이자, 하버드 대학교의 심리학 교수인 하워드 가드너 역시 [열정과 기질]에서 이러한 사실에 확실하게 못 박았다. "모차르트 역시 10년간 수많은 곡을 쓴 다음에야 훌륭한 음악을 연거푸 내놓을 수 있었다"라고 말이다.

우리가 어설프게 생각한 '음악의 신동'은 아니라는 점이 확실하다.

우리는 보통 모차르트가 음악의 신동이라고 생각한다. 하지만 모차르트와 같은 음악 천재도 사실은 처음부터 비범한 작품을 작곡하지는 못했다는 것이 사실로 밝혀졌다. 즉 그 역시 10년 동안의 노력과 훈련을 통해서 비범한 인물로 도약을 할 수 있는 '임계점 10년의 법칙'을 실천한 인물 중의 한 명에 불과하다는 사실에 우리는 주목해야 한다.

우리가 잘 알고 있는 세계적인 천재, 레오나르도 다 빈치, 피카소도 그렇다. 레오나르도 다빈치 역시 처음에는 평범한 인물에 불과했다. 믿기 힘들다면 근거를 제시해 보겠다.

10년 동안의 지독한 공부를 통해 다 빈치는 임계점을 돌파했다. 그 결과 천재로 도약한 인물이라는 사실을 우리는 알아야 한다. 이러한 사실을 [탁월함에 이르는 노트의 비밀]이란 책에서 다음과 같이 표현하고 있다.

> "그곳에서 철저한 도제 수업을 받으며 성장하기 시작한 다 빈치는 지적 각성을 촉발시킬 단체에 스무 살이 되어 가입하게 된다. 이는 성 누가 Saint Ruka 회의 회원이 된 것인데, 성 누가회는 약제사, 물리학자, 예술가들로 구성되어 있었다. 이곳에서 그는 화가로서의 자리를 잡아가는데, 약 10년간 다양한 습작과 함께 다방면의 호기심이 발동하는 시기였다.

> 그가 밀라노로 가서 본격적인 프로로서의 삶을 펼치기 시작한 것은 서른
> 살이 되었을 때였다. 정식 교육을 받지 못하고 독학으로 공부한 다 빈치는
> 학벌을 중시하는 메디치 가문에서 멸시를 받고 밀라노의 지배자인 스포르
> 차 가문에서 일하게 된다…"
>
> — 이재영, [탁월함에 이르는 노트의 비밀] 중

피카소도 그렇다. 피카소도 임계점을 돌파한 천재였다. 피카소와 같은 천재 화가들도 처음부터 그렇게 그림을 잘 그렸던 것은 절대 아니다. 평범한 아이가 천재적인 실력을 갖춘 화가로 도약하기 위해서는 10년이라는 세월의 임계점 돌파 준비 기간이 필요하다.

> "피카소처럼 네 살에 시작하면 10대에 거장이 될 수 있고, 10대 후반에 창
> 조의 노력을 시작한 스트라빈스키와 같은 작곡가와 그레이엄과 같은 무용
> 가는 20대 후반이 되어서야 비로소 창조성의 본궤도에 올라선다. 10년간의
> 수습 기간을 거쳐야 중대한 혁신을 이룰 수 있다."
>
> — 하워드 가드너, [열정과 기질] 중

천재도, 부도, 성공도 절대로 저절로 오지 않는다. 명심해야 하고, 이 사실을 기초로 해야 당신이 무엇을 하든, 더 열심히 하고, 더 오래 할 수 있고, 그렇게 해서 버티고 노력한 그 세월이 결국 임계점 돌파로 이어지게 되는 것이다.

부자가 되는 사람들은 다 이유가 있다

○ "당신에게 돈이 별로 없는 데 부자가 되고 싶다면 '균형'보다 '초점'을 추구해야 한다. 성공한 사람들을 보면 처음부터 균형 있게 포트폴리오를 구성한 것이 아니었음을 알 수 있다. 균형적인 사람들은 아무 결과도 내지 못한다. 그들은 한 곳에만 머문다. 앞으로 나아가려면 먼저 균형을 깨면서 가야 한다. 당신이 어떻게 걸음마를 배웠는지 생각해 보라.

토머스 에디슨은 균형 있는 사람이 아니었다. 그 사람은 한 분야에 집중하는 초점적인 인물이었다. 빌 게이츠도 균형적인 사람이 아니었다. 그 사람도 초점적이었다. 조지 소로스도 초점적이었다. 조지 패튼은 자기 탱크들을 광범위하게 사용하지 않았다. 그 사람은 한 곳에 초점을 유지해 독일군 전열의 약한 부분을 공략했다. 프랑스 사람들은 마지노선을 넓게 유지했는데, 그 결과가 어떻게 되었는지 한번 보라."

- 로버트 기요사키, [부자 아빠 가난한 아빠] 중

부자가 되는 사람들은 다 이유가 있다. 균형보다 초점을 맞추고, 선택과 집중의 대가들이었다. 그리고 그들은 부의 임계점을 돌파한 이들이었다.

부의 임계점을 돌파한다는 것은 자신도 모르게 부자가 되는 행동과 생각을 선택하고, 그 행동이 오랜 습관이 되어 매일 누적되고 쌓였다가, 어느 순간 비로소 임계점을 돌파하게 되고, 그 순간 진짜 부자가 되는 것이다.

최고의 부의 임계점의 가장 큰 특징은 한 가지 일에 10년 이상 헌신하는 태도다. 이런 사람이 가난하게 된다는 것은 도저히 있을 수 없는 일이다.

부자가 되는 사람들의 습관과 태도를 보면 놀랍게도 이런 공통된 습관과 행동을 한다.

- 긍정적으로 생각하는 습관
- 자신은 반드시 성공하리라 생각하는 습관
- 반드시 눈부신 미래가 올 것으로 생각하는 습관
- 다음에는 더 잘 되리라 생각하는 습관
- 세상은 풍요롭고 기회는 언제든 존재한다는 습관
- 반드시 해결책이 있다고 생각하는 습관
- 모든 책임은 자신에게 있다고 생각하는 습관
- 크게 넓게 길게 생각하는 습관
- 오늘 할 일을 절대로 미루지 않는 습관
- 결단력 있게 실천하는 행동 습관

- 변명이나 핑계를 대지 않는 습관

- 말한 대로 행동하는 행동 습관

- 부정적인 말을 하지 않는 행동 습관

- 정리 정돈을 잘하는 행동 습관

- 적당하게 하지 않는 행동 습관

- 과감하게 행동하는 행동 습관

- 항상 배우려는 자세와 태도

- 항상 책을 읽는 자세와 태도

- 항상 타인의 말에 경청하는 자세와 태도

- 항상 겸손하고 여유 있는 자세와 태도

- 항상 계획하고 준비하는 자세와 태도

- 항상 타인에 대해 배려와 이해하려고 하는 자세와 태도

- 항상 세상만사를 통합적으로 바라보려는 자세와 태도

이런 습관과 태도를 보인 사람이 실패하는 인생을 산다는 것은 절대 상상도 할 수 없다. 어떤 분야에서든 성공하고 부자가 된 사람들은 모두 이런 습관과 태도를 보인다.

부자에게는 부자의 습관과 태도가 있는 것이다. 부자가 되는 것은 과학이다. 그래서 부자가 되는 사람들에게는 다 그 과학의 필요조건인 이유가 반드시 있다.

돈은 임계점을 돌파하는 순간, 저절로 쌓이게 되고, 갑자기 불어나게 되고, 차고 넘치게 된다. 하지만 많은 사람은 이런 순간만 보고, 오해한다. 하지만 우리가 놓쳐서는 안 되는 것이 있다. 바로 부의 임계점을 돌파하기까지 10년 이상의 시간이 필요하다는 것이다.

목표를 정하지 않고, '세월아 네월아' 하면서 10년을 사는 사람은 절대로 부자가 될 수 없다. 이것은 '임계점 10년 법칙'에 어긋나기 때문이다. 필자는 새로운 직업을 택할 때, 벼랑 끝에 서자는 확고한 각오와 명확한 목표를 세우고, 지난 8년 동안 액자에 넣어서 사무실 벽에 걸어놨던 부동산 중개인 자격증을 모두 찢어버렸다. 다시는 과거에 미련을 두지 않고, 새로운 목표에 전심전력하기 위해서다.

연봉 1억이 500억을 벌기 위해서는 500년이 걸린다. 하지만 필자는 30년 만에 500억 부자가 되었다. 그 이유는 바로 부의 임계점을 돌파할 수 있었기 때문이다. 로버트 기요사키의 말처럼 "당신에게 돈이 별로 없는 데 부자가 되고 싶다면 '균형'보다 '초점'을 추구"해야 한다. 초점을 추구하고 그것만 집중할 때, 임계점을 돌파할 힘이 생기기 때문이다.

이 책의 가장 중요한 메시지가 바로 부의 임계점 돌파이다. '부의 임계점 돌파'는 부를 이루는 최고의 과학이며, 방법이며, 전략이며, 시스템이다.

부의 추월차선이라는 망상에서 벗어나라

○ 러시아의 대문호 도스토옙스키는 1849년 4월 23일 새벽 네 시, 잠을 자던 중에 연행되었다. 그는 기껏해야 유배 정도로 생각했다. 하지만 충격적으로 너무나 젊은 나이에 즉시 사형이 선고됐다. 그로서는 엄청난 충격과 절망뿐이었다. 사형집행일이 되었고, 사형장에 끌려가야 했다.

이제 몇 분 후면 사형이 집행된다. 당신이라면 어떤 심정이었을까? 자포자기, 체념, 원망, 분노, 당신의 감정은 중요하지 않다. 이 순간에 중요한 한 가지 사실은 당신이 사형집행을 당한다는 사실이며, 몇 분 후면 이 세상 사람이 아니라는 사실이다. 그가 세상에 꽃도 피우지 못하고 죽었다면 어떻게 되었을까?

도스토옙스키의 사형이 집행되기 직전, 작은 기적이 일어났다. 그에게 새로운 삶의 기회가 생긴 것이다. 사형집행 몇 초 전에 사형집행은 멈추어져, 그는 새 삶을 살 기회를 얻었다. 정말 기적적으로 사형을 면했고, 춥고 배고프고 힘든 유배 생활이 시작되었다. 그는 춥고 고달픈 시베리아에서 4년 동안 유배 생활을 했다. 하지만 사형당하는 것보다는 백 배, 천 배 더 행복한 삶의 기회였다.

그는 사형집행 순간에 '다시 살 수 있다면 절대로 1초라도 헛되이 살지 않겠다'라고 맹세하면서 지난날, 대충 살았던 하루하루를, 1분 1초를 후회하면서 반성했다. 그는 사형장에서 한 다짐대로 춥고 배고 프고 힘들고 어렵고 서글픈 유배 생활을 하면서도 1분 1초도 허투루 낭비하지 않았다. 유배 생활을 마친 후부터 그는 집필에 매진했고, 절 대 시간을 낭비하지 않았다.

그를 거장의 반열에 오르게 한 작품들인 [죄와 벌](1866), [백치] (1868), [악령](1871~1872) 등이 쏟아져 나왔던 시기는 그가 유배 생활을 마친 후, 본격적으로 집필 활동을 하기 시작한 후가 아니다.

그가 본격적으로 집필을 시작하고 나서, 정확히 '임계점 10년의 법 칙'을 실천한 후인 바로 '10년 후'부터였다. 그가 10년 동안 차곡차곡 매일 임계점 돌파를 위해 쓰고 또 쓰면서 실력과 내공을 쌓아가지 않 았다면, 우리는 그가 남긴 불후의 명작들을 결코 읽을 수 없었을 것 이다.

도스토옙스키는 추월차선으로 거장의 반열에 오른 것이 아니다. 추월차선이란 것은 존재하지 않는다. 우리가 알고 있는 세계적인 부 자 빌 게이츠, 워런 버핏 등도 그렇다.

세계적인 심리학자이자 정신분석의 창시자인 오스트리아의 신경과 의사였던 프로이트 역시 추월차선으로 가지 않았다. 그가 [꿈의 해석]이란 걸작을 탄생시킨 비범한 학자로 도약하고, 인류에게 무의식의 세계를 활짝 펼쳐 준 위대한 학자가 될 수 있었던 것은 바로 '임계점 10년의 법칙'을 실천했기 때문이다.

프로이트가 처음부터 천재였던 것은 아니었다. 그가 평생 발표한 논문의 수가 무려 650편이라는 사실은 그가 추월차선이 아닌 임계점을 돌파한 인물 중의 한 명이라는 사실을 더욱 공고하게 한다.

임계점을 돌파하기 전에는 모든 사람이 세상의 무시를 당하고 조롱을 당한다. 프로이트도 마찬가지다. 세계 최고의 심리학 거장이 과연 세상으로부터 어떤 조롱과 멸시를 당했을까? 상상이 가지 않는다면 구체적으로 표현해 보겠다.

"별 쓸모없는 쓰레기 같은 논문입니다."
"저질 의사의 정신병적인 망상입니다."

무시당하는 수준이 아니었다. 정신병자 취급을 받을 정도로 조롱당했다. 하지만 그는 추월차선이 아닌 임계점 돌파를 실천했다. 그의 엄청난 양의 논문들은 모두 한결같이 쓰레기 취급을 받았고, 10년이 아닌, 무려 20년 동안 그러한 상황은 달라지지 않았다. 그런데도 그는 포기하지 않고, 버티고, 한 걸음씩 나아갔다.

그는 엄청난 양의 논문을 발표하면서 임계점 돌파를 준비하고 실천했다. 그가 정말 임계점을 돌파하고, 임계점의 법칙을 실천했던 학자라는 사실은 그가 발표한 논문의 수준을 보면 알 수 있다.

[실어증의 이해를 위해서](1891)는 당시 지배적이었던 언어중추를 만병통치약으로 생각하는 견해를 정면으로 비판한 매우 선구적 업적으로 평가받는다. 바로 이 논문이 그가 본격적인 연구를 시작하고 정확히 10년 후에 탄생했다. 또한, 뇌성소아마비에 관한 세 편의 논문 (1891, 1893, 1897)은 오늘날의 신경학 수준에서 보아도 완벽한 증상 이론을 제시한다고 평가받고, 억압의 개념을 중심으로 구성된 무의식에 대한 견해는 1900년의 [꿈의 해석], 1901년의 [일상생활의 정신병리], 1905년의 [성 이론에 관한 3편의 평론] 등에 잘 나타난다.

그의 최고의 업적은 누가 뭐래도 무의식을 발견한 것이라고 할 수 있다. 결국, 그는 본격적인 연구와 공부와 수많은 환자의 사례를 분석하고 접할 수 있게 된 1886년으로부터 10년 이상이 지나고 나서 위대한 도약으로 평가받는 논문을 연속해서 계속 발표했다.

이 사실에서 우리는 또 한 가지 놀라운 사실을 알 수 있게 된다. 임계점을 돌파하고 난 이후에는 엄청난 성과가 눈덩이처럼, 복리처럼 불어난다는 사실이다. 우리가 임계점을 반드시 돌파해야 하는 이유가 바로 여기에 있다.

임계점을 돌파하는 순간, 그 이후부터는 부도, 연구도, 모두 복리처럼 엄청나게 불어나고 높아지고 많아진다. 그 결과 그는 1904년부터 무려 20년이라는 장구한 세월에 걸쳐서 13편의 정신분석 기법에 대한 새로운 이론을 발표한다. 이 기간에 정신분석요법의 기본 이념을 확립했다고 할 수 있다. 그가 쓴 정신분석의 종합적 해설서로 평가하는 [정신분석 입문]이 1917년에 탄생했고, 또 다른 종합적 해설서로 평가받는 [속 정신분석 입문]이 1933년에 탄생했다는 사실을 통해 볼 때, 그의 연구는 평생을 걸쳐서 이루어졌고, 그의 도약 역시 평생 지속해서 계속 이어졌음을 알 수 있다. 하지만 그가 정신분석의 창시자로 도약할 수 있었던 것은 임계점을 돌파하고 난 이후라는 점을 우리는 반드시 기억해야 한다.

하워드 가드너는 10년 규칙이라는 것을 발견했다. 이것은 결국 천재들은 우리가 생각하는 그런 타고난 우월함보다는 노력과 훈련을 통해, 즉 임계점 돌파라는 실천과 노력을 통해 천재의 수준까지 올라서는 사람이고, 그러한 노력과 훈련의 시기 중간에, 즉 임계점을 돌파하기 이전에 만들어진 작품들은 평범한 수준일 수 있다는 것을 의미하는 것이다.

"앞에서 언급한 대로 나는 창조적인 인물에 관해 연구하면서 '10년 규칙'을 발견했다. 즉 창조적인 인물은 한 분야에서 10년 정도 종사한 후에 혁신적인 도약을 이루어 내며, 이후에는 다양한 요인에 따라 새로운 도약을 이루어 내기도 하고, 그렇지 않기도 한다. 프로이트는 이 규칙의 첫 부분에 정확히 들어맞는다. [꿈의 해석]은 그가 샤르코의 임상 교실에서 수습 생활을 시작한 지 거의 정확히 10년 만에 탄생한 업적이다. 물을 것도 없이 프로이트의 창조성은 이후 수10년 동안에도 지속해서 발휘되었다. 이 점에서 그는 과학자인 아인슈타인보다 피카소와 스트라빈스키, 그레이엄과 같은 예술가와 더 비슷하다. 새로운 성과물이 정확히 10년 간격을 두고 나오는지 아닌지는 다소 의문의 여지가 있다. 하지만 프로이트는 1910년 무렵에 사회적 문제로 관심사를 확대했고, 1920년대와 1930년대에는 정치와 문화를 본격적으로 다루었다."

- 하워드 가드너, [열정과 기질] 중

이 대목에서 우리가 간과해서는 안 되는 사실은 프로이트와 같은 천재 역시 위대한 논문을 하나 발표하기 위해서는 10년이라는 긴 세월이, 즉 임계점 돌파의 시간이 필요하다는 사실이다. 그리고 그 세월 동안 어떻게 하느냐에 따라 도약을 할 수도 있고, 낙오될 수도 있다는 사실이다. 천재라고 해서 저절로 노력도 하지 않았는데, 그리고 1~2년 만에 뚝딱 위대한 작품을 만들어 낼 수 없다는 사실이다.

그 어떤 천재도 추월차선을 통해 도약하지 않았다. 이런 사실은 수많은 천재를 연구하면 할수록 더 명확해진다.

20세기의 천재 과학자인 아인슈타인이 특수상대성 이론을 발표한 후, 일반상대성 이론을 발표하기 위해 준비한 기간이 정확히 10년이었다. 아인슈타인도 역시 추월차선을 좋아하지 않았다. 그 어떤 천재들도 추월차선이 아닌, 임계점의 법칙을 준수했다.

당신을 부자로 만들고, 천재로 만드는 것은 절대 추월차선이 아니다. 그것은 바로 임계점의 법칙, 임계점 10년의 법칙이다. 부의 추월차선이라는 망상에서 지금 당장 벗어나길 바란다. 이런 망상은 당신이 더욱더 부와 거리가 멀어지게 만들어 줄 뿐이다. (부의 추월차선에서 이야기하는 30대, 젊은 나이에 은퇴하라는 메시지와 빨리 부자가 되라고 하는 메시지에 대해 이견을 필자는 6장에서 가감 없이 진솔하게 밝혔다.)

부의 추월차선의 독자들은 중요한 메시지에 현혹되어 준비도 하지 않은 채, 그 어떤 시간과 노력을 투자하지도 않고, 그저 빨리 부자가 될 방법을 찾거나 부자가 되려고 하는 경향이 있다. 하지만 이렇게 해서는 안 된다. 부의 추월차선에도 분명히 시간과 노력을 투자해야 하고, 그런 희생이 꼭 필요하다고 말하는 대목이 있음을 알아야 한다.

"추월차선은 기하급수적 성장 곡선의 형태를 띤다. 부라는 것은 자기 실체를 잘 드러내 보이지 않기 때문에 도달하기 어렵고, 그 과정에서 약해지는 사람들은 도태된다. 추월차선에서 성공하려면 시간과 노력을 투자하는 희생이 필요하다."

- 엠제이 드마코, [부의 추월차선] 중

그렇다. 근면과 헌신이 승자와 패자를 가른다고 이 책의 저자도 말하고 있음을 명심하라. 이 책의 저자인 엠제이 드마코가 이야기하는 부의 추월차선을 아무 준비도, 연습도, 훈련도, 내공도, 시간도, 노력도, 헌신도 필요하지 않고, 그저 쉽게 빨리 부자가 되는 것을 말하고 있다고 오해해서는 절대 안 된다.

한 가지 예를 들면, 엠제이 드마코가 이야기하는 돈이 열리는 나무의 씨앗인 부의 추월차선 사업에 해당하는 것 중의 하나가 콘텐츠 시스템인 책 쓰기이다. 그는 콘텐츠 시스템인 세 번째 추월차선이기도 한 책 쓰기를 이야기하면서, 해리포터 시리즈의 작가인 J.K. 롤링에 관해서 설명한다. 그녀는 32세의 이혼녀 영어 교사에서 4억 달러의 자산을 가진 미디어 거물이 되었다는 사실만을 부각한다.

엠제이 스마코는 J.K. 롤링이 책을 쓰는 데 몇 년이 걸렸을 수도 있지만, 그 책은 그렇게 쓰인 후 오랫동안 여러 번에 걸쳐 판매할 수 있는 자산이라는 측면만 부각한다. 다시 말해 그는 책을 쓸 때 필요한 오랜 시간 동안의 준비 과정과 노력과 헌신하는 과정을 아예 이야기하지 않고 있다.

책 쓰기를 하기 위해서는 반드시 어느 정도의 임계점을 돌파해야 가능하다. 그리고 임계점을 돌파하기 위해서는 한두 권의 책을 읽어서는 불가능하다. 수백 수천 권의 책을 돌파해야 하고, 남들보다 더 많은 시간과 노력을 투자해서 책 쓰기를 연습하거나 배워야 한다. 이런 준비 과정에 대해서 엠제이 스마코는 제대로 이야기하지 않는다는 점을 독자들은 간과해서는 안 된다.

[손자병법]에 이런 말이 나온다.

"승리하는 군대는 먼저 승리할 기반을 갖춰 놓은 뒤 전쟁을 벌인다. 패하는 군대는 일단 전쟁을 일으키고 이길 방도를 찾는다."

먼저 승리할 기반을 갖춰 놓는 것이 바로 부의 임계점을 돌파하는 것이다. 임계점을 돌파한 사람이 제대로 된 추월차선을 갈 수 있고, 만들 수 있고, 발견할 수 있다. 세상에 공짜는 없다.

부의 임계점을 돌파한 사람은 전쟁에서 먼저 승리할 기반을 확고하게 갖춰 놓은 군대와 같다는 사실을 꼭 명심해야 한다.

주식, 부동산 투자 절대 하지 마라

◯ 2021년 1월 8일 기준으로 억만장자 세계 1위는 테슬라의 일론 머스크Elon Musk다. 그의 순 자산은 205조 원 규모로 평가받고 있다. 세계에서 가장 부유한 사람 중의 한 명은 아마존 CEO 제프 베조스Jeff Bezos다. 그는 2018년부터 2020년까지 3년 연속 세계에서 가장 부유한 사람이었다.

세계적인 부자들을 이야기할 때 빼놓을 수 없는 사람들을 살펴보면 대표적으로 이런 사람들이 있다. 너무나도 유명해서 설명이 불필요한 빌 게이츠, 페이스북의 마크 주커버그, 오라클의 래리 앨리슨, 블룸버그 통신 창업자인 마이클 블룸버그, 구글 창업자인 래리 페이지와 세르게이 브린, 알리바바의 마윈, 인디텍스그룹의 창업자인 아만시오 오르테가, 소프트뱅크의 손정의 회장, 청쿵그룹의 리자청, 그리고 한국에는 이건희 회장 등이 있다.

이 사람들의 가장 큰 공통점이 무엇일까?

이들은 모두 주식이나 부동산 투자로 억만장자가 된 것이 아니라는 점이다. 다시 말해, 이들은 모두 자신의 분야에서 세계 최고의 실력과 역량과 경험과 내공을 갖춘 전문가이자, 임계점의 대가라는 사실이다.

주식과 부동산으로 부자가 된 사람들이 전혀 없는 것은 아니다. 주식과 부동산이 자신의 전공 분야이며, 자신이 평생 먹고 살아야 하는 주된 본업이었던 사람들, 즉 투자를 전문으로 하는 투자자 중에는 주식과 부동산으로 부자가 된 사람도 적지 않다. 하지만 우리가 간과해서는 안 되는 사실은 그들은 모두 주식과 부동산이 자신의 본업이었다는 사실이다.

워런 버핏, 조지 소로스, 피터 린치, 벤저민 그레이엄 등은 모두 투자가 전공 분야이며, 그들에게 투자는 가장 주된 본업이었다.

한국에서 크게 성공하였거나 부자가 된 사람들을 살펴보면 대표적으로 너무나 많지만, 나열해 보면 이렇다.

이건희 삼성그룹 회장, 서정진 셀트리온 회장, 서경배 아모레퍼시픽 회장, 정의선 현대차 수석부회장, 신창재 교보생명 회장, 김상열 호반건설 회장, 이호진 태광그룹 전 회장, 구광모 LG 회장, 이중근 부영 회장, 김준기 동부그룹 전 회장, 현대그룹의 정주영 회장, 정용진 신세계 부회장, 구본준 LG 전 부회장, 이화경 오리온그룹 부회장, 이해진 네이버 창업자, 이명희 신세계 회장, 정몽준 아산재단 이사장, 신동빈 롯데그룹 회장, 장평순 교원그룹 회장, 김범수 카카오 의장, 김정주 NXC 대표, 최태원 SK그룹 회장, 방준혁 넷마블 의장, 김택진 엔씨소프트 대표, 김범석 쿠팡 대표, 임성기 한미약품 회장, 김재철 동원그룹 회장, 이상혁 옐로모바일 대표, 신동국 한양정밀 회장, 김병주 MBK파트너스 회장 등을 언급할 수 있다. 물론 이 외에도 너무나 많지만, 일일이 다 열거할 수 없을 정도로 한국에는 부자들이 많다.

자신의 분야에서 최고의 실력과 내공으로 부와 명예, 인기를 얻고 있거나 이미 얻었던 이들을 살펴보면 이렇다.

글로벌 축구 스타 손흥민 선수, 대한민국 최고의 예능 능력과 내공을 갖춘 이경규 씨, 유재석 씨, 강호동 씨, 서태지 가수, 박진영 JYP엔터테인먼트 대표, 방시혁 빅히트 엔터테인먼트 의장, 차범근 선수, 박세리 선수, 박지성 선수, 김연아 선수, 양준혁 선수, 안정환 선수, 박찬호 선수, 백종원 요리연구원, 안성기 영화배우, 봉준호 감독, 조수미 소프라노, 송가인 가수, 임영웅 가수, 송강호 영화배우, 전지현 영화배우, 차인표 영화배우, 조정래 소설가, 이문열 소설가, 김홍신 소설가, 한강 소설가, 엄홍길 산악인, 이지성 작가, 천병희 번역가, 강신주 철학자, 이순재 국민배우, 김이나 작사가, 이승엽 선수, 양희은 가수,

이국종 의사, 강수진 예술감독, 이준익 영화감독, 박칼린 음악감독, 이수정 범죄 심리학자, 김상근 인문학자, 이외수 소설가, 표창원 범죄 심리학자, 김대식 뇌과학자, 정여울 작가, 장석주 시인, 박웅현 광고인, 정호승 시인, 고병권 철학자, 서현 건축가, 황현산 문학평론가, 강수돌 경제학자, 김영하 소설가, 안상수 타이포그라퍼, 이현우 서평가, 신달자 시인, 김난도 소비자학자, 이원복 만화가, 허구연 스포츠해설가, 이이화 역사학자, 이해인 수녀, 김영희 예능 프로듀서, 유홍준 미술평론가, 김정운 문화심리학자, 현정화 탁구 감독, 정진영 영화배우, 김탁환 소설가, 은희경 소설가, 김용택 시인, 황병기 소설가, 이상봉 패션디자이너, 황석영 소설가, 정재승 물리학자, 박범신 소설가, 이동진 영화평론가, 김제동 방송인, 장진 영화감독, 한비야 긴급구호팀장, 김훈 소설가, 이현세 만화가, 박석재 천문학자, 고도원 작가, 최재천 생물학자, 공병호 박사, 김미경 대표, 앙드레김 패션디자이너, 백남준 비디오작가, 정은경 본부장, 이만기 씨름선수, 김재엽 유도선수, 인순이 가수, 나훈아 가수, 이병헌 영화배우 등이다. 물론 이 외에도 너무나 많지만, 일일이 다 열거할 수 없을 만큼 한국 사회에는 자신의 분야에서 최고의 내공과 실력을 갖춘 임계점의 대가들이 많다. 이들 모두에게 존경을 표하고 싶을 뿐이다.

2019년 기준으로 한국에서 개인 자산 순위 50인에 드는 한국 최고의 부자들은 대부분 주식과 부동산 투자로 부자가 된 것이 절대 아니라는 사실이다.

이들은 모두 자신의 전공 분야, 자신의 본업에서 탁월한 실력과 역량을 발휘하기 위해 엄청난 노력과 시간을 투자하였을 뿐만 아니라, 한 우물을 끈질기게 계속 팠고, 어떤 시련과 역경에도 포기하거나 멈추지 않는 불굴의 도전 정신으로, 자신의 분야를 개척하고 길을 열었던 임계점 돌파의 대가들이라고 할 수 있다.

왜 임계점 대가가 되어야 할까? IMF, 코로나 팬데믹 등과 같이 예측 불가한 최악의 상황이 왔을 때, 임계점 대가들은 자신의 가치와 진가, 내공과 역량이 더 크게 발휘되기 때문에 쉽게 무너지지 않을 뿐만 아니라, 이겨 낼 수 있는 내력을 가지고 있기 때문이다.

한마디로 임계점을 돌파하는 것이 최고의 경쟁력이며, 생존 비법이며, 성공하는 가장 빠른 길이며, 부자가 되는 가장 확실한 방법이기 때문이다.

주식, 부동산 투자로 부자가 되려고 한다면, 주식의 임계점, 혹은 부동산의 임계점을 돌파하는 것이 먼저다. 그리고 그렇게 하려면 생각보다 많은 시간과 노력, 경험과 시행착오가 반드시 있어야 한다. 세상에 공짜는 없다. 세상은 당신의 생각보다 훨씬 더 정확하다.

자신의 주된 전공 분야에서 임계점을 돌파하지 않고, 주식이나 부동산 투자로 부자가 되려고 해서는 안 된다. 그렇게 되면, 죽도 밥도 되지 않는다. 자신의 전문 분야에서도 두각을 나타내지 못하며, 임계점을 돌파하지 못하게 되고, 주식과 부동산 투자도 역시 이도 저도 되지 않고, 흐지부지해지게 된다. 세상의 이치가 그렇다.

두 마리 토끼를 다 잡으려고 하다가, 한 마리도 잡지 못한다. 주식과 부동산 투자를 전적으로 하거나, 아니면 자신의 전문 업종에만 시간과 노력을 투자해야 한다. 인간의 능력은 유한하기 때문이다.

이것 조금 하다가, 저것도 조금 하다가, 결국 다 놓치고 마는 여우형 인간이 되려고 하지 말고, 우직하게 한 가지만 붙잡고 끝까지 해내는 고슴도치형 인간이 되어야 한다. 자신의 분야에서 임계점을 돌파하여, 실력과 역량을 갖춘 탁월한 전문가, 뛰어난 대가가 되면, 부와 성공은 물이 높은 데서 낮은 곳으로 흘러내리듯, 자연스럽게 따라온다. 그것이 정석이며, 가장 확실한 방법이다.

코로나 팬데믹과 같은 예측 불가한 최악의 상황을 만났을 때, 자신의 분야에서 최고의 실력과 역량, 경험과 내공을 쌓은 임계점 전문가들의 진가와 가치, 내공과 역량은 더 크게 발휘된다. 경험과 내공이 부족한 이들은 쉽게 무너지고 흔들리지만, 임계점을 돌파한 이들은 쉽게 무너지지 않는다. 이것이 바로 당신이 임계점 전문가가 되어야 하는 또 다른 이유인 것이다.

　주식 부동산 투자가 당신의 본업이 아니라면, 시간과 노력을 자신의 본업에 투자하는 것이 더 성공확률이 높을 뿐만 아니라 더 확실한 방법이다.
　당신이 주식 부동산 투자를 하면 안 되는 여러 가지 이유 중 하나는 바로 이것이다. 부와 성공을 획득하는 가장 확실한 방법이 아니기 때문이다.

주식, 부동산 투자를 말리는 진짜 이유?

○ 필자가 주식, 부동산 투자를 발 벗고 다니면서 말리는 이유는 또 무엇일까? 그것은 공동체 의식을 가지고 세상을 바라본다면 당신도 충분히 이해할 수 있을 것이다.

만약에 한국 사회의 모든 구성원이 대부분 자신의 본업에 집중하지 않고, 돈을 벌 수 있다고 해서, 주식 부동산 투자를 본업보다 더 많이 하고, 그것으로 부자가 된다면, 한국 사회의 경쟁력은 어떻게 될까?

즉, 다시 말해, 주식 부동산 투자를 통해 누구나 부자가 될 수 있다면 한국 사회는 어떻게 될까?

그렇게 되면 탁월한 실력과 역량을 갖춘 최고의 축구 선수도, 최고의 야구 선수도, 뛰어난 연예인도, 세계 최고의 학자도, 위대한 발명가도, 수준 높은 예술가도, 세계적인 명의도, 위대한 과학자도, 세계 최고 수준의 방역 전문가도 찾아보기 힘들게 될지 모르기 때문이다.

사회 각 분야에서 발전과 성장은 없어지고, 믿고 신뢰할 수 있는 전문가 수가 극히 적어질 것이며, 사회는 순식간에 정체되거나 퇴보할 수도 있다. '나 하나쯤이야 괜찮겠지'라는 생각은 금물이다.

앞으로 코로나보다 더 무서운 팬데믹이 발생할 수도 있다. 그럴 때 국민이 믿고 맡길 수 있고, 앞장서서 자신의 전문 지식과 기술로 그 위기 상황을 잘 극복하고 해결해 나갈 수 있는 최고의 의료진이 없다면, 한국 사회는 붕괴하고 말 것이다. 위대한 협상가와 정치인이 없다면, 우리는 세계 외교 무대에서 도태되고 말 것이며, 훌륭한 리더가 없다면, 분열과 혼란만 겪으며 살게 될지도 모른다.

교육은 백년지대계다. 그런데 한국의 미래를 책임질 훌륭한 인재를 양성할 수 있는 수준 높은 교육자들이 없다면 한국 사회는 앞으로 어떻게 될 것인가? 이런 현상이 사회 각 분야에서 발생하고 만다면 그것은 재앙이 될 수 있다. 즉 주식 부동산 투자를 통해 부자가 되는 사람이 많을수록, 또 주식 부동산 투자에 사회 각 분야의 사람들이 너나 할 것 없이 열광하고 달려드는 그런 사회는 전체적으로는 이득이 아니라 사회적 경쟁력 약화로 인해 사회적 손해가 더 큰 것이기 때문이다.

교사나 대학교수가, 축구 선수와 야구 선수가, 의사와 변호사가, 소설가와 작가가, 영화배우와 가수가, 직장인과 셰프가, 시인과 화가들이, 경영자와 정치인들이 너나 할 것 없이 모두 주식과 부동산으로 돈을 벌 수 있다면, 주식과 부동산 투자에 몰린다면, 이 사회는 어떻게 될까?

우리는 더는 세계 최고 수준의 영화를 볼 수 없을지도 모른다. 더는 감동을 주는 최고의 음악을 들을 수도 없을지도 모른다. 최고 수준의 축구 경기와 야구 경기를 관람할 수 없을지도 모른다. 수준 높은 대학 강의와 학교 수업을 들을 수 없을지도 모른다. 인생을 통찰하게 해 주는 최고 수준의 소설을 만날 수 없을지도 모른다. 인생 최고의 맛을 느낄 수 있는 최고 수준의 요리를 맛볼 수 없을지도 모른다. 최고 수준의 그림을 감상할 수 없는 사회가 될지도 모른다.

주식 부동산으로 돈은 벌 수 있을지 몰라도, 자신의 각 분야에서 최고가 되기 위해 임계점을 돌파하는 이들은 상대적으로 적어질 것이다. 이런 사회가 되면, 임계점을 돌파하고자 하는 동기부여가 되지 않을 뿐만 아니라, 사회 각 분야에서 실력과 내공이 없고, 수준이 낮은 비전문가만이 넘쳐나는 그런 아마추어 사회가 탄생하게 될지도 모른다.

이런 사회가 되면, 우리나라에는 세계 최고의 방역 전문가도 없을 것이고, 세계 최고 수준의 건축가도 없을 것이며, 세계 최고 수준의 소설가도 없을 것이며, 세계 최고 수준의 교육자도 없을 것이며, 세계 최고 수준의 학자, 과학자, 의사, 문학가, 시인, 가수, 영화배우, 영화 감독, 운동선수, 스포츠 감독도 존재하지 않을 것이다.

주식 부동산 투자에 많은 사람이 몰려들고, 그것에 많은 시간과 노력을 투자하고, 집중하고, 그것에 열광하게 되면, 한국은 세계적으로 경쟁력이 가장 낮은 국가가 되고, 가장 위험한 나라가 되고, 가장 수준이 낮은 나라가 된다.

코로나 팬데믹 위기 상황에서도 한국의 의사와 간호사들의 의료 수준과 의료 시스템이 세계 최고 수준이었기 때문에 우리는 K-방역이라는 최고의 찬사를 받을 수 있었고, 상대적으로 경제를 살리면서도 국가 경쟁력이 많이 퇴보하지 않고, 안전한 국가 시스템을 유지할 수 있었다. 만약에 한국의 의사들이 너도나도 할 것 없이 주식과 부동산 투자에 시간과 노력을 많이 투자하면서 평생을 살아왔다면, 한국의 의료 수준과 의료 시스템은 세계 최고가 될 수 없었을 것이 뻔하다.

정은경 질병 관리청 청장이 평소에 주식과 부동산에 집중하였다면, K-방역이라는 세계 최고 수준의 방역 시스템을 구축하고, 위기 상황에 잘 대처할 수 있는 그런 지도자가 될 만큼 전문성과 역량과 실력과 내공을 갖추지 못했을 것이 분명하다.

한국 사회의 경쟁력은 바로 이런 사람들, 자신의 분야에서 최고의 전문성과 역량과 내공과 경험을 갖춘 그런 진정한 실력자들에 의해 좌우된다. 당신은 어떤 사람인가? 자신의 분야만큼은 세계 어느 나라의 경쟁자와 다투어도 이길 만큼의 내공과 경험과 실력과 역량을 가지고 있는가? 이런 사람이 애국자가 아니라면 우리는 누구를 애국자라고 규정할 수 있을까?

돈을 더 쉽게 더 빨리 더 많이 벌 수 있다고 해서, 자신의 본업에 투자해야 할 소중한 시간과 노력을 주식과 부동산 투자에 쏟아붓는 사람과 그런 사람이 많은 사회는 돈보다 더 큰 것을 잃게 되고, 손해 본다는 사실을 알고 있는 사람은 많지 않다.

한국 사회에 필요한 것은 주식 부동산을 통해 쉽게 빨리 더 많은 돈을 번 사람들의 영웅담이 아니라, 자신의 분야에서 바보처럼 우직하게 한 길만을 평생 가면서 세계 최고 수준의 경지에 오른 실력자들, 전문가들, 즉 임계점의 대가들이다. 이런 사람들이 우리 사회의 경쟁력이기 때문이다.

주식 부동산으로 돈을 벌 수 있는 사회보다는, 자신의 본업에서 임계점을 돌파하여, 최고의 전문가가 되어야 돈도 벌 수 있고, 성공할 수 있는 사회가 훨씬 더 살기 좋은 사회이며, 수준 높은 공동체이며,

더 안전하고 좋은 사회가 될 것이라는 사실은 틀림없는 사실이다.

임계점을 돌파한 수준 높은 셰프가 해 주는 최고의 요리를 우리가 맛볼 수 있는 것도, 감동과 힐링을 주는 최고의 명장면을 선사하는 뛰어난 영화감독과 영화배우가 있어서, 우리가 세계 최고 수준의 한국 영화를 감상하며 누릴 수 있는 것도, 세계 최고 수준의 축구 선수가 있어서, 우리에게 최고의 짜릿한 골과 경기 모습을 우리가 즐길 수 있는 것도, 너무나도 멋진 노래 실력을 갖춘 가수가 있어서, 우리가 열광할 수 있는 것도, 모두 그들이 주식과 부동산이 아닌 자신의 본업에 시간과 노력을 투자해서 탁월한 실력과 역량, 내공과 경험을 갖춘, 임계점을 돌파한 임계점 마스터가 되어 주었기 때문이다.

"또한, 군주는 특히 남의 재산을 억지로 빼앗아서는 안 된다.
인간이란 어버이의 죽음은 잊어도 재산의 손실은 어지간해서
잊지 못한다. 백성의 재산을 빼앗을 기회는 자주 있고,
구실이나 방법도 얼마든지 마련할 수 있지만,
피를 흘리는 일의 구실은 그리 쉽게 마련할 수 없다."

:: 마키아벨리, '군주론' ::

제 2 장

빨리 부자가 되려 하지 마라

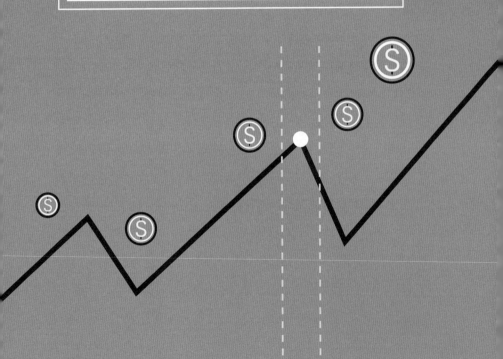

진짜 부는 slow & steady로 온다

○ 부의 추월차선이라는 망상에서 벗어나라. 부는 절대 그렇게 오지 않는다. 순식간에 오는 것처럼 보이고 느껴지지만, 그것은 빙산의 일각에 불과하다.

우리는 수면 아래에 숨어서 보이지 않는 빙산의 몸체를 보는 시각을 길러야 한다. 모든 부는 오랫동안 누적되고 쌓여 부의 임계점을 돌파하는 순간, 비로소 온다. 그러니 많은 사람이 부가 한순간에 순식간에 오는 것이라고 착각하는 것도 당연한지 모른다.

부자가 되는 사람에게는 반드시 시간이 필요하다. 진짜 부는 처음에 천천히, 느리게 다가올 뿐만 아니라 그것을 느낄 수도 없을 만큼 미비하다. 그러다 임계점을 돌파하는 순간, 갑자기 그 많은 부가 어디에 있었는지 놀랄 정도로 기하급수적으로 온다. 그래서 많은 사람이 이 과정의 결과만을 보고, 오해한다.

진짜 부자와 빈자의 가장 큰 차이가 그들이 평생, 매일 하는 행동과 습관이라는 사실을 아는가? 부자들은 평생 매일 부자가 되는 행동을 해 왔던 것이고, 빈자들은 알게 모르게 가난을 선택하고 가난해지기 위한 행동을 자신도 모르게 해 왔다는 것을 의미한다.

자신도 모르는 행동을 매일 하다 보면, 어느 순간 부의 임계점 혹은 가난의 임계점을 돌파하고, 비로소 진짜 부자나 가난한 자가 된다.

임계점을 돌파하는 순간, 맞이하는 것들이 진짜다. 너무 빨리, 너무 쉽게, 너무 운이 좋아서 이룬 부는 가짜 부이고, 언제든 쉽게 사라진다. 진짜 부는 천천히, 꾸준히 다가오는 법이다.

노예 출신으로 태어났지만, 이를 극복하고 후기 스토아학파의 대가가 된 고대 그리스 로마 철학자인 에픽테토스는 인생을 살아갈 때, 특히 행복한 인생을 위해서는 반드시 목표가 있어야 한다고 주장한 적이 있다.

> "사람은 목적과 신념이 없이는 행복하게 될 수 없다. 사람은 그게 무엇이건 하나의 목표 아래 살아가고 있고, 또 그것이 옳다고 생각함으로써 행복을 느끼는 것이다. 그러므로 인생은 어떤 목표를 세우고 그 목표에 대해서 신념을 가지고 살아가는 것이 필요하다."

에픽테토스는 목적과 신념이 없이는 행복해질 수 없다고 말했지만, 목적과 신념이 없이는 부자도 될 수 없다. 목적과 신념이 있어야 어떤 시련과 역경에도 멈추거나 포기하지 않기 때문이다. 그런 사람이 결국 임계점을 돌파하고, 진짜 부자가 될 수 있다.

한 가지 목적에 뜻을 두는 사람과 어떤 목표도, 뜻도 없는 사람의 인생의 전체 내용과 질은 전혀 달라진다. 쉽게 말해, 서울에서 부산으로 가는 목표를 가진 사람과 그냥 이곳 저곳을 여행하는 사람의 차이다. 부산이라는 명확한 목표와 뜻을 가진 사람은 절대 시간을 낭비하지 않고, 부산에 도착한다. 하지만 목표가 없는 사람은 아무리 많은 곳을 다녀도 부산이라는 장소에 목표를 둔 사람보다 훨씬 더 늦게 도착하거나 평생 세상을 떠돌아도 부산에 도착하지 못할 수 있다. 이것이 목표를 정한 사람과 없는 사람의 차이다.

> "일찍 뜻을 세운 사람은 일생 하나의 목표를 견지한다. 하지만 뜻을 세우지 못한 사람은 항상 새로운 목표를 세우느라 인생을 허비한다."

중국의 옛 성현들이 자주 하는 이 말처럼 일찍 뜻을 세우는 것이 뜻을 세우지 못하는 것보다 훨씬 더 유익하다. 즉, 목표 설정을 빨리 하는 것이 여러모로 유익할 뿐만 아니라 성공이 빨라지는 길이다.

뜻을 일찍 세울수록 임계점 돌파의 순간이 빨라지는 것이 사실이다. 그렇다면 하루라도 빨리 목표와 뜻을 정해 그 길을 간다면, 부의 임계점도 더 빨리 만나게 된다.

"위대한 사람에게는 목표가 있고, 평범한 사람에게는 소망이 있을 뿐이다."

소설가 겸 수필가인 워싱턴 어빙의 이 말처럼 목표가 없는 사람들은 부자도 될 수 없고, 위대한 사람도 될 수 없다. 인간이 가진 힘과 시간은 유한하기 때문이다. 생각보다 훨씬 작은 것이 사실이다. 하지만 미약한 힘이라도 하나의 목표에 집중해서 10년 이상을 전진해 나간다면 필자처럼 500억 부자가 될 수 있다.

목표가 없는 사람들은 목표만 없는 인생을 사는 것이 아니라, 누군가의 리더나 지도자의 위치나 영향력도 없는 인생을 살아가야 할 뿐만 아니라 돈도 없는 인생을 살아가야 한다. 목표가 없는 사람은 돈도 영향력도 없기에, 목표가 있는 사람이나 돈 많은 사람이 시키는 일을 해야 하고, 그들의 주장에 따라가는 경제, 사회적 노예와 같은 운명으로 전락한다.

그것이 목표의 위력이다. 목표가 없는 사람은 목표가 있는 사람보다 모든 면에서 뒤떨어질 수밖에 없다. 목표 그 자체가 가지고 있는 힘은 실로 엄청나다.

목표가 가지는 가장 큰 위력은 평범한 사람에게 임계점을 돌파할 힘을 준다는 데 있다. 임계점은 마법과 같다. 임계점을 돌파하는 순간 비범한 사람은 천재가 되고, 가난한 사람은 부자가 된다.

부자가 되는 과정을 즐기고 누려라

○ "나는 가슴이 이끄는 대로 살고, 새로운 것에 도전하며, 상상한 것을 실현한다. 내 꿈과 열정에 솔직한 것, 그것이 내 삶이고 경영이다."

버진그룹의 창업자이자 회장이었던 리처드 브랜슨이 한 말이다. 그는 난독증이었고, 고교 중퇴자였다. 하지만 그는 세계적 경영 대가로 도약하고 성공한 갑부이자, 기업가가 됐다. 환경문제에 적극적으로 앞장서면서 '지구를 구할 영웅'으로 불릴 만큼 성공한 인물이 되었다.

그의 성공 비결은 열정이라고 할 수 있다. 열정이 있는 사람과 없는 사람의 가장 큰 차이는 무엇일까? 그것은 바로 결과만 중요시하는지, 아니면 결과보다 더 과정을 즐기고 누릴 수 있는지이다. 당신은 어떤가?

진짜 부자가 되는 사람들의 가장 큰 특징 중의 하나는 그 과정을 제대로 즐기고 누린다는 점이다. 그 과정이 즐겁고 기쁘다면, 부의 임계점을 돌파하는 것은 시간문제에 불과하다. 열정을 가지고 하나의 목표만 변함없이 전진하는 자에게 실패란 있을 수 없다. 임계점은 최고의 보증수표와 다름없다.

현대 경영학을 창시한 피터 드러커 박사도 이런 이야기를 했다.

"열정을 갖고 하나만을 억척스럽게 물고 늘어지는 사람만이 어떠한 일이든 성취해 낼 수 있다."

당신에게는 이런 열정과 꿈이 있는가? 이런 열정과 꿈이 있는 사람은 90세가 넘어서도 왕성하게 책을 쓰고 경영 사상에 대해 열띤 논쟁을 벌일 만큼 열정적이다. 피터 드러커의 얘기다. 피카소 역시 다르지 않다.

입체파 운동의 선구자인 파블로 피카소 역시 91세로 세상을 떠나기 직전까지 왕성한 창작 활동을 했다. 19세기 이탈리아의 유명한 작곡가 주세페 베르디 역시 80세의 나이에 인생에 대한 열정으로 가득차 있는 오페라 '팔스타프'를 작곡했다.

열정이 있는 사람에게는 나이가 아무리 많아도 그는 진짜 인생을 살아간다. 하지만 열정이 없는 자들은 아무리 힘이 넘치고 에너지가 남아돌아도 그 어떤 업적을 남기지도 못하게 된다. 열정이 있는 사람은 임계점을 돌파하는 것이 상대적으로 매우 쉽기 때문이다.

독일의 철학자 헤겔도 말했다.

"우리는 세계의 어떤 것도 열정 없이 이루어진 것은 없다고 단언할 수 있다."

세계 최고의 갑부 중의 하나인 빌 게이츠도 똑같은 말을 했다.

"열정이 없었다면 어떤 성공도 이룰 수 없었을 겁니다."

이들의 말처럼 열정이 없이 이룩되고 성취된 것은 이 세상에 아무 것도 없다는 사실은 열정이 없으면 결코 임계점을 돌파한다는 것이, 최소 10년 동안 한 가지만을 우직하게 할 수 없기 때문이다. 곧 열정은 임계점 돌파를 위한 연료와 같다. 연료가 없으면 아무리 고성능 자동차라도 1m도 전진할 수 없다. 1m도 전진하지 못 하는 차는 무용지물이며 아무것도 아니다.

열정이 없으면, 우리 인생도 그렇게 된다. 열정이 없는 인생은 결국 아무것도 아닌 시시한 것이 되고 만다. 임계점을 돌파하지 못한 사람은 거대한 부도, 엄청난 성과도 창출해 낼 수 없다.

열정과 임계점의 이런 관계 때문에, 우리 인생에 차이를 만들고, 성공과 실패를 가르는 것은 재능이 아니라 바로 열정이다. 열정을 가진 사람은 임계점을 쉽게 돌파할 수 있지만, 열정이 없는 사람은 그 과정을 절대로 참아낼 수 없고, 버틸 수도 없다.

열정이 없다면, 이미 싸움에서 진 것과 다름없다. 뜨거운 열정이 필요한 이유가 바로 이것이다. 뜨거운 열정이 있는 사람은 작은 시련과 역경에는 꿈쩍도 하지 않고 자기 일에 집중하며, 큰 시련과 역경이 와도 자기 일을 멈추거나 포기하지 않는다.

심지어 강력한 열정이 있는 사람들은 모두 타인이 보기에는 힘들고 어렵고 감내하기 버거운 일을 하루도 쉬지 않고, 수십 년 하면서도 그 일을 하는 과정이 세상에서 제일 즐거웠고, 행복했다고 말한다.

이런 사람이 임계점을 돌파하지 못할 리가 없다. 이런 사람들은 임계점을 이미 돌파한 것과 다름없다. 아직은 부자가 아니더라도, 당신이 부자가 되는 그 과정을 즐기고 누려야 할 이유가 바로 이것이다.

하루아침에 부자가 되면 망할 때도 그렇다

○   하루아침에 부자가 되는 것을 절대 희망하지 말고, 상상도 하지 마라. 세상의 모든 위대한 것들, 위대한 발명, 위대한 부와 성공은 하루아침에 절대 만들어지지 않았다.

에디슨은 전구를 발명하기 위해 엄청난 도전과 실패를 겪었고 모든 분야의 대가들은 명작을 만들기 위해 우리가 상상도 하지 못하는 엄청난 양의 훈련과 작업을 했다는 점을 명심하자.

조선 말기의 실학자이자 화가인 추사 김정희는 벼루 열 개가 구멍이 날 정도로, 그리고 천 자루의 붓이 망가질 정도로 훈련과 작업을 했기 때문에, 지금까지도 그가 대성하게 한 추사체秋史體는 예술작품으로 평가받고 있으며, 조선 시대 최고의 명필로 꼽히게 되었다. 피카소도 역시 천부적인 재능보다는 그가 1,000점 이상의 그림을 그릴 만큼 각고의 노력과 훈련, 연습을 통해 세계적인 화가로 성장할 수 있었고, 세스 고딘Seth Godin과 같은 베스트셀러 작가들도 역시 100권 이상의 책을 쓰면서, 엄청난 훈련과 노력을 통해 훌륭한 작가로 인정받게 되었다는 사실을 명심하자. 이러한 사실은 세스 고딘의 저서인 [린치핀Linchpin]에 다음과 같이 설명되어 있다.

> "어떤 일을 마무리했다고 그것이 곧 걸작이 되는 건 아니다. 나는 책을 100권 이상 만들어냈다. 물론 모든 책이 잘 나가지는 않았다. 하지만 그 책들을 쓰지 않았다면 나는 이 책([린치핀])을 쓸 기회를 얻지 못했을 것이다. 피카소는 1,000점 이상의 그림을 그렸다. 그러므로 사람들은 피카소의 그림을 3개 이상 알고 있다."
>
> - 세스 고딘, [린치핀] 중

또한, 진 베델은 자신의 책을 통해 최고의 성공을 가져오는 것이 뛰어난 재능이 아니라 일상적인 행동 습관이라는 사실을 알고 적잖이 놀랐다고 말한다. 그렇다면 일상적인 행동 습관의 본질에는 무엇이 있을까?

그것은 바로 우리가 매일 수도 없이 하는 생각과 신념 체계일 것이다. 그렇다. 바로 이러한 우리들의 생각과 신념이 우리를 최고의 성공으로 이끌 수도 있고, 아니면 그 반대 방향으로 이끌 수도 있다.

공짜 심리가 강한 사람들, 요행이나 편법을 좋아하고 그것에 기대는 사람들, 열심히 노력하기보다는 부정한 방법을 통해 쉽게 성공하거나 부자가 되고자 하는 사람들의 그 심리와 마음은 스스로 그들이 임계점을 돌파할 수 없는 나쁜 행동 습관을 만들게 된다. 그런 점에서 당신이 무엇을 생각하고, 어떤 생각을 하는지에 따라 당신이 어떤 인생을 살아갈 것인지가 결정된다.

요행이나 편법으로 하루아침에 쉽게 부자가 된 사람은 재미있게도 하루아침에 망하거나, 거지가 된다. 왜 그럴까? 그것이 과학이고 세상의 숨겨진 법칙이기 때문이다.

당신이 부자가 되는 데 30년이 걸렸다면, 당신이 아무리 망하더라도 그것을 잃는 데 또한 30년이 걸린다. 그러므로 걱정할 필요가 없다. 하지만 당신이 부자가 되는 데 10년이 걸렸다면, 당신이 다시 거지가 되는 데도 10년이 걸리기 때문에 크게 나쁘지는 않다.

하지만 당신이 하루아침에 부자가 되었다면, 아주 아주 조심해야 한다. 그것을 잃는 데도 하루면 충분하기 때문이다. 이런 예의 가장 강력한 사례가 바로 거액의 로또 당첨자들이다. 수백억 원이라는 거액의 로또에 당첨된 사람 중에 80%가 복권 당첨 후에 삶이 더 불행해졌다는 설문 조사 결과가 보도되었다.

그 이유는 쉽게 얻은 거액의 돈은 쉽게 빠져나간다. 사실 땀 흘려 번 돈은 자신의 돈이 아니기 때문이다. 잠시 잠깐 내 수중에 들어왔을 뿐, 내가 직접 제대로 번 돈은 아니다. 세상은 참 정확하다.

노자는 이런 말을 한 적이 있다.

"큰 나무도 가느다란 가지에서 시작된다. 10층 석탑도 작은 벽돌을 하나하나 쌓아 올리는 것에서 출발한다. 천릿길도 한 걸음부터 시작이다. 마지막에 이르기까지 처음과 마찬가지로 주의를 기울이면 어떤 일이라도 탁월하게 해낼 수 있다."

우리는 나무를 보고 배워야 한다. 나무는 절대 건너뛰면서 자라지 않는다. 아주 작은 씨앗에서 시작해서 눈에 띄지 않을 정도로 서서히 조금씩 성장한다. 하지만 10년 후, 20년 후에는 거대한 나무로 성장해 있다. 임계점을 돌파한다는 것은 바로 나무처럼 사는 것이다.

이 세상에 그 어떤 부자도 하루아침에 된 사람은 절대 없다. 모든 부자는 부의 임계점을 돌파했다. 그러므로 이제 당신도 시작해 보라.

비어 있어야 채울 수 있다

○ "한 인간의 현재 모습은 바로 스스로 그렇게 만든 결과다."

이 말을 한 사람은 철학자 장 폴 사르트르다. 그는 진실에 관한 탐구와 자유 정신에 입각한 재기 넘치는 작품 활동을 통해 노벨문학상을 받은 바 있다.

그의 이 말처럼 우리의 현재 모습은 우리가 스스로 그렇게 만든 결과라는 사실을 우리는 부인하지 않아야 한다. 현재 우리의 모습은 우리가 그렇게 만든 결과이기에, 미래의 우리의 모습은 현재 우리가 만들어나가는 것임을 알 수 있다.

그렇다면 현재 우리가 어떻게 살아가야 미래의 우리의 모습이 가장 최선의 상태가 될 수 있을까?

최고의 부자가 되고, 최고의 성공을 하기 위해, 지금, 이 순간에는 당신의 모든 잡다한 찌꺼기와 같은 것들을 버려야 하고, 끊어내야 하고, 비어야 한다. 비우는 순간, 채워지기 때문이다.

인간의 본성은 무조건 많이 채우려고 한다. 무조건 많이 가지려고 한다. 하지만 비울 때 더 많은 것을 가질 수 있다. 비울 때 더 많은 혁신을 할 수 있다. 비움을 통해 혁신하고, 세계 선두 기업이 된 회사가 있다. 바로 구글이다.

구글은 비움을 통해 세상을 정복했고, 앞서나가는 기업이 되었다. 구글과 네이버나 다음의 첫 화면을 비교해 보면 이 말을 쉽게 이해할 수 있다.

[네이버 첫 화면]

[다음 첫 화면]

[구글 첫 화면]

부의 임계점

네이버와 다음의 첫 화면과 구글의 첫 화면이다. 어떤가?

네이버와 다음은 너무 많은 정보가 차고 넘친다. 하지만 구글은 달랑 검색창뿐이다. 이것이 바로 구글이 내세우는 비움의 미학이며, 혁신이며, 도전이며, 창조며, 자유다.

네이버와 다음은 이미 다 만들어졌고, 다 채워져 있다. 그래서 구속이며, 소비자들의 창조성을 말살하게 된다. 소비자들은 그냥 정해진 대로 따라야 한다. 그 어떤 자유도 누릴 수 없다. 그래서 구글은 검색창 하나로 세상을 바꿀 수 있었다.

우리의 삶도 이렇게 되어야 한다. 구글의 첫 화면에는 그 어떤 설명도, 경계도, 구속도, 팻말도, 설명도 없다. 그래서 독자들은 무한한 자유를 느끼고, 무엇이든 할 수 있는 것이다.

공자는 '군자불기'라는 말을 통해 이런 원리를 설명했다. 훌륭한 성인이나 군자가 되는 사람은 그 어떤 그릇도 되어서는 안 된다는 것이다. 이미 밥그릇이나 국그릇으로 정해져 있다면, 그것은 구속이며, 속박이다. 하지만 공자는 군자라면 모름지기 그런 이미 정해진 한 가지 용도로만 쓰는 그릇과 같아서는 안 된다고 말하는 것이다.

공자도 이미 비움의 미학, 자유의 위력을 알고 있었고, 노자 역시 그렇다. 장자도 그렇다. 노자는 너무나 유명하기 때문에, 장자에 관해서 이야기하겠다.

장자가 산속을 걸어가는 데 가지와 잎이 무성한 큰 나무가 한 그루 서 있었다. 나무꾼이 그 곁에 있으면서도 나무를 베려 하지 않았다. 장자가 궁금해서 까닭을 물었다.

· 나무꾼: 쓸모가 없습니다.
· 장자: 이 나무는 쓸모가 없어 천수를 누리는구나.

쓸모가 없는 것이 좋을 때도 있다. 세상이 정한 원칙과 기준에서 벗어나 자신만의 자유로운 삶을 추구할 필요가 있다. 큰 부자가 되기 위해서는 먼저 잡다한 찌꺼기들을 모두 버려야 한다. 버리는 자가 더 큰 것을 얻을 수 있다.

버린다는 것은 바로 비운다는 것이고, 그것은 한 가지를 위해서 수백 가지를 안 할 수 있다는 말이다. 한 가지를 위해서 수백 가지를 하지 않는 자는, 임계점을 돌파할 수 있는 자이다.

평범한 사람들이 평범한 인생을 사는 이유는 수백 가지를 위해서 한 가지를 포기하기 때문이다. 하지만 위대한 인물들과 부자들은 한 가지를 위해서 수백 가지를 포기한다. 이것이 바로 선택과 집중이다. 그리고 '임계점 10년 법칙'의 중요한 원리 중에 하나다.

자선을 베풀고, 기부할수록 더 큰 유익을 얻는다

○   부와 관련해서 재미있는 사실이 하나 있다. 자선을 베 푸는 사람은 이상하게도 더 큰 이익을 얻게 된다는 사실이다.

자선을 가장 많이 베풀고 기부를 가장 많이 하는 나라는 미국이 다. 많은 사람이 미국이 부자 나라이기에 이것이 당연하다고 생각한 다. 하지만 그 해석은 너무 단순한 생각이다. 미국이 세계 최고의 부 자 나라가 될 수 있었던 원인이 바로 기부하는 문화에 있기 때문이다.

많은 미국인이 다른 나라 사람보다 더 많이 기부하고, 자선을 베 푸는 이유는, 그럼으로써 받는 사람보다 주는 사람이 더 많은 유익을 얻고, 더 많은 것이 돌아온다는 사실을 아는 지혜와 문화 덕분이다.

자신을 위해 물건을 구입하는 사람의 심리적인 만족감이나 행복 은 그렇게 오래 가지도, 강력하지도 않다. 하지만 타인을 위해 물건을 구입하고 선물하는 사람의 만족감과 행복은 강력하고 오래 간다. 받 는 사람보다 주는 사람이 훨씬 더 행복하고 기쁘고 만족감이 높다.

자선을 베풀고, 기부하는 사람은 자신이 하는 일과 비즈니스를 통해 더 큰 유익을 얻는다. 그 원리는 무엇일까? 'Newsweek지'가 미국 내에서 선정한 50명의 랍비 중의 한 명이며, 존경받는 유대교 지도자인 다니엘 라핀은 자신의 저서 [부의 바이블]이란 책을 통해 사람의 속성과 비즈니스의 원리에 대해서 우리에게 조언해 준 적이 있다.

사람들은 무엇인가를 늘 베풀고, 기부하고, 여유가 있고, 주는 사람처럼 보이는 사람을 좋아하고, 사업 동반자가 되기를 원한다는 것이다. 다른 말로 하면, 인색해 보이지 않고, 절박해 보이지 않는 사람과의 비즈니스 교류를 원한다는 것이다. 궁핍해 보이고, 절박해 보이는 사람, 인색해 보이는 사람을 만나면, 사람은 항상 경계하게 되고, 어떤 일을 함께하려고 하지 않을 뿐만 아니라 그가 소개하는 상품이나 서비스를 모두 거부하게 되어 있다.

물건을 팔거나 협상할 때도 마찬가지다. '이것은 오늘까지만 판매하고 내일부터는 판매하지 않습니다'라거나 '이제는 더는 판매하지 않습니다. 마지막 남은 물건입니다'라고 할 때 소비자가 더 사려고 하는 이유가 무엇일까? 그것은 바로 판매자가 절대 궁핍하게 보이지 않고, 절박해 보이지 않기 때문이다.

상대방을 위해 더 베풀고, 늘 상대방을 도와주려고 하는 사람, 늘 기부를 하고 자선을 베푸는 사람은 자신이 하는 일과 비즈니스가 잘 될 수밖에 없다. 그리고 더 많은 것들을 얻을 수 있다.

자선을 베풀고 기부하는 사람은 그렇지 않은 사람보다 더 큰 유익을 얻는다. 그가 얻는 유익함은 무엇일까? 가장 큰 것은 임계점을 돌파할 수 있는 마음 자세와 삶의 환경을 스스로 구축한다는 데 있다.

기부하는 사람은 그 금액에 상관없이, 마음에 여유가 넘치고, 만족감과 풍요로움을 느낄 수 있게 된다. 이런 심리적 상태는 지금, 이 삶도 나쁘지 않고, 지속해도 좋다는 심리적 안정을 얻을 수 있다. 심리적 만족과 풍요로움과 안정감은 사람에게 지금 자신이 하는 일을 계속해서 지속할 수 있게 도와준다.

임계점을 돌파하는 데 있어서 큰 도움을 주는 심리적 상태 중의 하나는 절대로 인색하고 쩨쩨하고 의심 많은 상태가 아니다. 가난을 계속 생각하면 가난한 삶이 살아가는 자신의 모습이 자주 그려지게 된다. 궁핍하고 인색하고 쩨쩨하고 의심 많은 그런 사고방식을 가진 사람은 한 가지 일을 오랫동안 집중해서 할 수 없고, 임계점을 넘을 수도 없다. 풍요로운 생각을 하고, 인색함이 아니라 풍요를 보는 시각을 가진 사람은 지금, 이 순간에 집중할 수 있고, 그 결과 임계점을 돌파할 수 있다.

필자가 대기업 삼성전자 휴대폰 연구원이라는 삶에서 벗어나 백수, 무직자가 되어 도서관에서 책만 읽었던 3년의 기간 동안 마음의 상태를 독자들이 안다면, 이런 원리와 메커니즘을 잘 알 수 있을 것이다.

필자의 도서관 백수 생활 3년은 경제적 사회적으로는 가장 궁핍하고 절박하고 밑바닥 삶이었다. 하지만 필자의 마음 상태는 이것과 정반대였다.

마음은 풍요로웠고, 여유가 넘쳤고, 조급하지 않았다. 돈은 한 푼도 벌지 못했고, 경제적으로는 궁핍했지만, 마음은 대기업을 다닐 때보다 더 행복하고, 즐거웠다. 최고의 만족감과 충만함을 느꼈다. 그래서 독서에 더 집중할 수 있었고, 그 결과 독서의 임계점을 돌파할 수 있게 되었다.

필자는 도서관 백수 생활 3년 동안 이런 생각을 자주 했다.

'평생 책만 읽는 삶도 나쁘지 않구나. 평생 책만 읽는 이런 삶을 목표로 해도 좋을 것만 같다.'

그럴 정도로, 도서관에서 온종일 책만 보면서, 그 어떤 경제 활동도 하지 않고, 돈 한 푼도 벌지 않는 이런 삶 속에서도, 풍요를 느끼고, 부유한 생각을 하며, 풍요를 보는 방법을 터득하였다.

자선을 베풀고, 기부를 많이 하는 사람의 심리적 상태도 이와 다르지 않다. 풍요롭게, 여유가 넘치고, 조급하지 않고, 자신이 하는 일에 최고의 만족감과 행복을 느끼며 집중하고 지속할 수 있게 된다.

이기적인 사람보다는 이타적인 사람이 임계점을 돌파할 확률이 더 높다. 불행한 사람보다는 행복한 사람이 임계점을 돌파할 확률이 더 높다.

이기적인 사람은 늘 불평과 불만에 가득 차 있고, 다른 사람이 성공하고 행복하면 배가 아파 시기와 질투를 하고, 짜증을 내고, 자기 일만으로는 좀처럼 만족감과 행복을 느끼지 못한다. 그래서 한 가지 직업에 오랫동안 노력과 에너지를 투자하며 헌신하기 힘든 것이다.

부의 임계점을 돌파하기 위해서는 마음에 욕심이나 감정의 찌꺼기가 없어야 한다. 욕심이나 집착이 많은 사람, 감정의 찌꺼기가 많은 사람은 자기 일에 오랫동안 집중할 수 없다. 어떤 분야에서든 최고의 대가가 된 사람들은 모두 평상심을 유지할 수 있었던 사람이었음을 간과해서는 안 된다.

자선을 베풀고, 기부를 할 수 있는 사람은 행복한 사람이며, 인색이 아닌 풍요를 볼 수 있는 시각을 가진 사람이며, 자신의 현재 삶에 만족감과 성취감을 느끼는 사람이다.

"대체로 일반 백성은 상대방의 재산이
자기보다 열 배 많으면 몸을 낮추고, 백 배 많으면 두려워하며,
천 배 많으면 그의 일을 해 주고, 만 배 많으면 그 하인이 된다.
이것이 사물의 이치이다."

:: 사마천, '사기 열전 2' ::

제 3 장

당신이 진짜 부자가 되지 못한 다섯 가지 이유

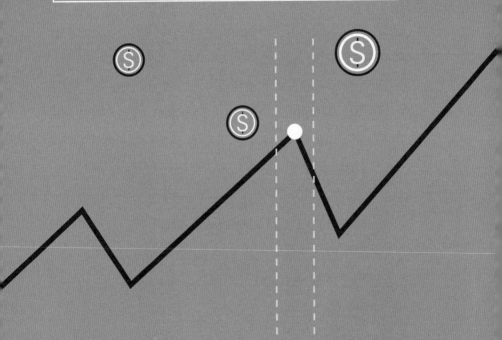

첫 번째 이유 : 잘못된 생각

○ "사유하는 인간이기를 그만두고서 사유하기를 원하지 않는 사람들에게 우리는 철학적 웃음으로밖에는 대답할 길이 없다."

사르트르 이후 프랑스 철학자로 두드러지는 인물인 미셸 푸코의 말이다. 인간과 동물의 격차를 벌린 가장 큰 위대한 무기는 바로 생각이었다. 인간은 생각을 통해 지구를 정복했고, 우주를 정복해 나가고 있다.

생각이 가장 강력한 힘이라는 이야기는 그 반대의 경우도 생각해야 한다는 것을 의미한다. 즉 생각이 너무나 강력하므로 생각을 잘하면, 위대하고 부자의 삶을 살 수도 있지만, 생각을 잘못하면 너무나 궁핍하고 잘못된 삶을 살 수도 있는 것이다.

당신이 부자가 되기 위해서 가장 먼저 바꾸어야 할 것은 당신의 생각이다. 부자가 되기 위해서, 부의 임계점을 돌파하기 위해서는 올바르고 강력한 생각을 해야 한다. 생각이 잘못되는 순간, 당신의 인생은 바로 그 생각처럼 되기 때문이다.

당신이 눈부신 인생을 살 것인지, 풍요로운 부자의 삶을 살 것인지, 궁핍한 거지의 삶을 살 것인지를 결정하는 것은 당신의 생각에서 시작된다.

우울증과 질병, 그리고 경제적 궁핍 등으로 최악의 인생을 살았던 한 여성이 있었다. 이 여성은 설상가상으로 남편이 죽고, 어린 아들과 단둘만 남겨진 후부터 살아남기 위해 성공하고 부자가 되는 확실하고도 정확한 원리가 담긴 책을 찾았다. 하지만 그런 책은 어디에도 없었다. 그 과정에서 이 여성은 큰 위기에 직면한다.

남편을 잃고, 직업도 없는 상태에서 어린 아들의 생계를 책임져야 했기 때문이다. 이 여성은 지금 미국에서 가장 뛰어난 인기도서 작가로, 여성계의 노먼 빈센트 필이라고 불리고 있다. 이 여성은 어떻게 해서 지독한 가난과 최악의 환경에서 벗어나 부와 성공의 길을 걸어갈 수 있었을까?

이 여성은 간단하면서도 위력적인 성공의 비밀을 발견한 것이다.
그녀가 발견한 부의 법칙은 '부자는 그냥 만들어지는 것이 아니라는 점', '부는 오랜 염원과 숙원으로 만들어지는 것', '타인의 성공을 빌어주고, 부유해지고 싶다면 멈추지 말고 자기 일을 해나가야 한다는 것, '긍정적으로 세상을 보고, 긍정적으로 사고하라는 것'이다.

특히 그녀는 무엇보다 성공과 실패를 가름하는 열쇠로서 '생각'의 위력을 깨달았다고 한다. 즉 그녀가 비참한 시기를 보냈을 때의 모든 실패는 대부분 실패에 관한 생각 때문에 일어났음을 그녀는 깨달았고, 생각하는 힘을 올바르게 사용할 때 건강과 행복, 부와 성공이 자신의 손안에 들어오게 돼 있다는 것을 알게 되었다.

이 여성이 바로 [부의 법칙]의 저자인 캐서린 폰더다. 그녀는 성공의 척도가 부로 직결되는 세상에 우리가 살고 있다고 말한다. 그러면서 간단하면서도 위력적인 성공의 비밀이 있다고 한다. 즉, 생각이 성공을 만들고 부를 만든다는 사실이다. 이런 부의 사고, 부의 생각이 결국에는 부의 임계점을 돌파하는 데 큰 힘이 되는 것은 명백한 사실이다.

부자가 되고 싶다는 욕망은 절대 잘못된 것이 아니라 마땅한 것이고, 당연하고 바른 생각이라는 부의 마인드와 신이 우리를 위해 풍성한 우주를 마련해 놓았고, 우리는 그것을 누리는 것이 자연스러운 것이라는 부에 대한 믿음과 원리, 과거의 잘못이나 실패에 대 집착하고 얽매이지 않고, 마음으로부터 완전히 놓아주어, 더 좋은 것을 내 앞으로 끌어올 수 있는 내면의 힘을 증가시키는 원리, 부유해지기 위해서 일을 하고, 끊임없이 인내하라고 그녀는 말하고 있다.

그녀가 가장 강조하는 부의 법칙은 '생각하는 힘'이다. 올바른 생각이 우리를 올바른 길로 이끌기 때문이다. 부에 대한 편견과 고정관념에서 벗어나 좀 더 자유롭고 폭넓은 부의 사고를 해야만 한다.

20세기 최고의 과학자로 평가받고 있는 아인슈타인은 다름 아닌 생각의 달인이었다. 그 생각이 임계점을 돌파하게 해 주었고, 임계점을 돌파할 수 있는 습관과 삶으로 안내했다. 그는 알고 있었다. '지식보다 상상력(생각)이 더 중요하다'라는 그 사실을 말이다. 그렇다.
'오직 인간만이 생각하기 때문에 새로운 가치를 창조해 낼 수 있다.'

아이작 뉴턴 역시 생각의 달인이었다. 생각을 통해 뉴턴도, 아인슈타인도 임계점을 돌파했다. 임계점을 돌파하게 되는 순간, 뉴턴은 만유인력이라는 놀라운 발견을 할 수 있었고, 위대한 학자가 될 수 있었다. 그는 말했다.

> "나는 내내 그 생각만 했어요. 그게 만유인력을 발견할 수 있었던 이유에요." - 뉴턴

보라. 이것이 생각의 임계점을 돌파한 위대한 생각의 달인들의 올바른 생각의 습관들이다.

> "나는 몇 달이고 몇 년이고 생각하고 또 생각한다. 그러다 보면 99번은 틀리고, 100번째가 되어서야 비로소 맞는 답을 알아낸다." - 아인슈타인

생각의 중요성을 잘 알고 있는 사람들이 과학자들뿐만은 아니다. 위대한 혁신가들도 모두 생각의 중요성을 잘 알고 있었던 사람들이었다. 대표적인 인물이 바로 스티브 잡스와 빌 게이츠다.

인류에게 스마트폰 혁명을 불러일으킨 위대한 발명가이자, 창조적 혁신가였던 스티브 잡스가 가장 중요하게 생각했던 것은 첨단 기술이나 큰 자본이 아니었다. 그가 가장 중요하게 생각했던 것은 생각이었다. 이런 사실을 잘 알게 해 주는 것은 바로, 그가 항상 강조하고 또 강조했던 애플의 슬로건이었다.

> "다르게 생각하라Think different." - 스티브 잡스

'마이크로소프트사'의 빌 게이츠도 다르지 않다. 그가 가장 중요하게 생각했던 것은 실력이나 기술이 아니라, 생각이었다. 그는 아예 일 년에 두 번씩은 반드시 일주일 동안 일하지 않고, 외부 세계와 동떨

어진 외딴 별장에서 '생각'만 하는 기간인 '생각 주간Think Week'을 가진다. 자기 자신뿐만 아니라 임원들과 간부들에게도 모두 일하는 것보다 '생각'을 하도록 유도하기 위해 똑같이 '생각주간'을 가지도록 권장하고 있고, 실행하고 있다.

이들뿐만이 아니다. 생각의 중요성을 강조한 사람은 또 있다. IBM의 창립자인 토마스 왓슨이 강조한 것도 역시 "생각하라Think"이다.

투자의 귀재, 버크셔 해서웨이의 회장인 워런 버핏도 마찬가지였다. 그는 "하루 24시간 버크셔(자신의 회사)에 대해 생각한다"고 그의 회사 직원은 말한다.

[꿀벌과 게릴라]라는 위대한 걸작의 작가이자 경영 대가인 게리 해멀 런던 비즈니스 스쿨 교수는 IBM을 살린 것은 다름 아닌 '생각'이었다고 강조한 바 있다.

> "90년대 초 적자의 IBM을 살린 것은 기술이나 지식이 아니라 혁신적인 '생각'이었다." - 게리 해멀

결론은 이것이다.

위대한 부자, 위대한 기업가, 위대한 투자가, 위대한 발명가, 위대한 과학자, 위대한 사람들은 모두 '생각'의 달인이다. 당신이 부자라면, 그것은 위대한 생각 때문이라고 할 수 있다.

당신이 가난한 이유는 박봉과 불안한 일자리와 사회 구조와 부족한 학벌과 부족한 재능과 가난한 부모 형제들 때문이 아니라, 생각하지 않고 그저 살았기 때문이다.

올바른 생각은 가장 강력한 에너지며, 창조 행위다. 그것은 임계점을 돌파하는 데 가장 중요한 시동을 켜는 열쇠와 같은 것이다. 아무리 연료가 많아도, 시동을 켜지 못하면 그 차는 절대 1m도 움직일 수 없다. 가장 중요한 것은 시동을 켜는 것이다. 가장 중요한 것은 올바른 생각이다.

잘못된 생각, 편협한 생각, 작은 생각, 나약한 생각, 부정적인 생각, 의심하는 생각 등은 당신이라는 고성능 차를 평생 단 한 번도 시동을 켜지 못하게 하는 가장 강력한 방해물이다. 당신 인생에서 하루빨리 제거해야 하는 것은 경쟁자들이 아니라 다름 아닌 당신의 잘못된 생각, 나약한 생각, 작은 생각, 부정적인 생각이다.

부의 임계점을 돌파하기 위해서도, 그 어떤 종류의 임계점을 돌파하기 위해서도 올바르고, 강력하고, 크고, 담대하고, 단 1%도 의심하지 않는 확신에 찬 강한 생각이 필요하다.

생각에 대한 명저 중에 한 권을 추천하라고 하면, 존 맥스웰의 [생각의 법칙 10+1]이다. 이 책에 보면 이런 대목이 나온다.

"성공하는 사람들의 한 가지 공통점은 무엇일까? 정상에 오르는 사람이 결코 정상에 오르지 못할 것 같은 사람과 다른 점은 무엇일까? 바로 생각이 뛰어나다는 것이다! 뛰어난 사고를 일상생활의 영역으로 받아들이는 사람은 생각의 단계와 발전의 단계가 서로 어떤 관련이 있는지를 이해한다. 그들은 또한 삶을 바꾸기 위해서는 생각이 달라져야 한다는 것을 알고 있다. 나는 평생 살아오면서 언제나 생각을 잘하는 방법에 관하여 연구했다. 그러므로 우리가 발전하려면 생각이 얼마나 중요한지 잘 알고 있다. 나는 1979년 처음 쓴 [그러한 것에 관해 생각하라Think on These Things]라는 책에서 다음과 같이 썼다.

'우리의 오늘은 어제 생각한 결과이다. 우리의 내일은 우리가 오늘 무슨 생각을 하느냐에 달려 있다.'

내가 쓴 그 책의 제목은 우리에게 다음과 같이 권유하는 사도 바울의 말에서 영감을 받았다.

'진실한 것이 무엇이든, 영예로운 것이 무엇이든, 정의로운 것이 무엇이든, 순수한 것이 무엇이든, 기쁜 것이 무엇이든, 훌륭한 것이 무엇이든 간에, 만일 그것에 어떠한 미덕이나 칭찬할 만한 가치가 있다면 그러한 것에 관하여 생각하십시오.'"

- 존 맥스웰, [생각의 법칙 10+1] 중

그의 말처럼, 당신이 부자가 되고 싶다면, 부에 대해서 생각하는 것을 멈추지 말아야 한다. 부에 대해서 생각하는 것을 멈추지 않고, 지속해 나간다면, 임계점을 더 빨리 돌파할 수 있을 것이기 때문이다. 생각도 하나의 에너지이며, 창조 행위라는 사실을 거듭 말하고 있음을 잊지 말라.

생각의 중요성을 강조하기 위해서 한국의 교육과 성과에 대해서 한마디를 해야 할 것 같다. 한국의 교육열은 세계 최고다. 하지만 왜 교육의 성과이기도 한 노벨상을 받는 위대한 과학자가 이웃 나라 일본과 비교하면 너무나 적은 것인가? 거의 없지 않은 거? 그 이유는 바로 공부만 너무 열심히 하고, 생각은 전혀 하지 않기 때문이다.

어떤 노벨상 수상자가 하루는 온종일 연구만 하고 공부만 하는 이상한(?) 한국 학생들을 보고 다음과 같은 말을 했다고 한다.

한국의 청소년 자살률이 세계적으로 매우 높아진 이유 중의 하나가 생각은 하지 않고 공부만 하기 때문이라고 할 수 있다. 공자孔子는 이것에 대해 이런 말을 한 적이 있다.

> "學而不思卽罔 思而不學卽殆 학이불사즉망 사이불학즉태
>
> (배우기만 하고 생각하지 않으면 어리석어지고,
>
> 생각하기만 하고 배우지 않으면 위태로워진다.)"

공자는 생각과 공부를 똑같이 중요하다고 말하고 있다. 하지만 한국의 학생들은 절대적으로 공부만 중요하다고 생각하고 있다. 공부만 하고 생각하지 않기 때문에 공자의 말대로 어리석어질 수밖에 없는 것이다. 어리석은 자들은 결국 자신의 삶을 주도적으로 살아갈 수 없게 된다. 그러한 어리석음은 결국 노예와 다를 바 없는 삶을 살게 된다.

생각의 중요성을 우리에게 알려주고 싶은 위인들은 한두 명이 아니다. 생각에 관한 위대한 명언을 모아보면 이렇다.

"좋은 일도 나쁜 일도 모두 당신 생각이 그렇게 만드는 것이다." - 셰익스피어

"인생은 우리가 온종일 생각하는 것으로 이루어져 있다." - 랄프 왈도 에머슨

"위대한 인물이란 생각이 세계를 지배한다는 사실을 알고 있는 사람을 말한다." - 에머슨

"어제의 생각이 오늘의 당신을 만들고, 오늘의 생각이 내일의 당신을 만든다." - 블레즈 파스칼

"성공하는 데 필요한 것은 단 한 가지밖에 없다. 건전한 사고방식이 그것이다." - 나폴레옹 힐

"생각은 위대하고 신속하고 자유로운, 세상의 빛이자 인간에게 주어진 최고의 영광이다." - 버트런드 러셀

"작은 생각만큼 성취를 제한하는 것도 없다. 자유로운 생각만큼 가능성을 확장하는 것도 없다." - 윌리엄 아서 워드

"우리는 오늘 우리의 생각이 데려다 놓은 자리에 존재한다. 우리는 내일 우리의 생각이 데려다 놓을 자리에 존재할 것이다." - 제임스 앨런

"위대한 생각을 길러라. 우리는 어떤 일이 있어도 생각보다 높은 곳으로 오르지 못한다." - 벤저민 디즈레일리

"운명을 바꾸고 싶다면 생각을 바꿔라." - 스티븐 코비

이처럼 부자가 되고 싶다면, 생각부터 바꿔야 한다. 생각하는 법을 배우고, 강력하고 크고 담대하고 확신에 찬 생각만 해야 한다. 그것이 임계점을 돌파할 힘을 제공해 주기 때문이다. 나약하고 작고 부정적이고 편협한 생각을 하는 사람 중에 큰 부자는 단 한 명도 없다.

생각보다 더 중요한 것은 없다. 올바르고 강력하고 크고 담대한 생각은 현실을 바꾸고, 부를 창조하고, 축적한다. 생각의 크기와 수준은 부의 크기와 정도를 결정한다.

인생에서 가장 중요한 것은 당신이 어떤 생각을 하느냐 하는 것이다. 생각이 가장 중요하다는 말이다. 사람은 자기 생각대로, 자신의 상상하는 대로, 정확히 그런 삶을 살아가게 되기 때문이다.

세계 최고를 많이 경험한 사람이 계속해서 최고의 성과를 내고, 최고의 인생을 사는 이유가 무엇일까? 바로 그들은 세계 최고라는 사실을 온몸으로 느끼면서, 늘 생각하고, 가까이하면서 살기 때문이다. 바로 이런 이유에서 성공을 한 사람이 더 많이 더 자주 성공을 하게

되는 것이다.

여행과 독서가 인생을 바꾸는 이유가 무엇일까? 여행과 독서는 인간의 생각을 바꾸기에 가장 좋은 도구이기 때문이다. 우리가 일상에 매몰되어 살아가면, 아무리 열심히 살아도, 바뀌지 않는 것은 바로 어제 했던 생각이다. 하지만 새롭고 낯선 곳에 경험하는 여행과 자신이 몰랐던 세계와 의식을 일깨워주는 독서는 무엇보다도 우리의 생각을 바꾸어 준다.

생각이 바뀌면, 인생을 따라서 바뀐다.
현실에 안주하면, 현실에 굴복하며, 무기력하게 살아가던 사람도, 큰일을 경험하거나, 강력한 여행이나 엄청난 책을 읽고 나면, 그런 무기력한 생각에서 벗어나 더 큰 세상을 상상하고, 더 크고 높은 곳까지 나아가고자 하는 강력한 생각이 생기게 된다. 그 결과 어제와 다른 삶을 살아낼 수 있게 되는 것이다.

그런 점에서 생각은 크고 높게 해야 한다. 담대하고 위험한 생각을 하는 것이 너무 평범하고 소심한 생각을 하는 것보다 훨씬 낫다.
부자가 되고 싶다면, 크고 담대한 생각을 해야 한다. 현실에 굴복하거나 안주하는 소극적인 생각을 하는 사람은 평생 그 삶에서 벗어날 수 없다. 생각이 먼저 부자가 되어야, 인생도 부자가 되는 것이다.

두 번째 이유 : 목표의 부재

○ 전작에서도 말했지만, 필자의 이야기를 한 번 더 해야 겠다. 필자는 평범한 사람이었다.

세상에 내세울 만한 학벌이나 스펙도 하나도 없는 흔하디흔한 평범한 소시민이었다. 그것도 작은 나라 한국에서 말이다. 하지만 나는 내 인생을 바꾸었다. 학벌이나 스펙, 인맥이 있었던 것도 아니다. 이런 것들 때문에 내가 인생을 바꾼 것은 아니다.

단돈 700달러, 즉 한국 돈으로 85만 원 정도다. 백만 원도 안 되는 돈만 가지고 나는 내 인생을 바꾼 것이다. 이 이야기를 이제부터 하려고 한다. 지금은 라스베이거스에 저택에서 사는 500억 부자가 되었다. 그 비결은 무엇일까? 바로 부의 임계점을 돌파했기 때문이라고 말할 수 있다. 그리고 이 부의 임계점을 돌파하는 데 가장 크게 이바지한 것 중의 하나는 확고하고 구체적인 목표였다.

나는 20대에 전 재산이 85만 원뿐이었고, 그것만 가지고 시작했지만, 지금은 세계 최대의 도시 미국 라스베이거스 저택에 거주하며, 매년 세계 여행을 다니면서, 백만장자로 행복한 삶을 살고 있다.

이야기의 시작은 1982년 내가 20대 중후반이었을 때다. 나는 단돈 85만 원만 들고 미국 로스앤젤레스행 비행기를 타고 태평양을 건넜다. 무모하기까지 한 담대한 도전이었다.

미국에 도착하자마자, 잠잘 곳이 필요했다. 변두리에 있는 허름한 원룸 아파트를 우여곡절 끝에 찾아내고, 한 달 280달러를 주고 대여했다. 처음 며칠 동안은 전기도 들어오지 않았고, 밥상도 없었다.

라면 상자를 가지고 와서 그 위에서 초라한 식사를 했다. 평생 이때를 잊을 수 없다. 그 기억을 평생 어떻게 잊을 수가 있을까? 내 인생을 건 도전의 시작점이기 때문이다.

근처 상점에서 한 달 치 먹을 것을 최소한으로 구매했다. 생활비도 넉넉하지 않았기 때문이다. 그리고 나니 수중에 남은 전 재산은 200달러였다. 한국 돈으로 24만 원 정도이다.

돈이 없어서 하루 두 끼를 먹었던 적도 많았다. 미국에서의 삶은 모든 낯설었고, 돈이 없어서 다른 사람들, 특히 이민자들보다 몇십 배더 힘든 이민 생활이 시작되었다.

돈도 없고, 직장도 없고, 인맥도 없고, 스펙도 없는 처지라 첫 시작은 상상 이상으로 힘들고 고달팠다. 당신이 무엇을 생각하든 그 이상이었다. 하지만 나는 포기하지 않았다. 나는 움츠러들지 않았다. 나는 기죽지 않았다.

세상이 나를 아무리 무시하고 힘들게 해도, 나는 멈추지 않았고 전진했다. 그리고 결국 나는 부의 임계점을 돌파했다. 필자가 그 어려운 상황과 형편에서도 부의 임계점을 돌파하게 해 준 단 한 가지 요소는 바로 목표였다.

그렇다. 내게는 남들과 다른, 남들에게 없을 수도 있는 큰 꿈과 목표가 있었다. 나는 이 목표를 항상 명심했다. 하루도 잊은 적이 없었다. 그것은 바로 이 말이다.

"나는 반드시 백만장자가 될 것이다."

나는 반드시 미국에서 백만장자가 될 것이라고 목표를 정했고, 이 목표를 종일 생각했고, 실제로 100% 확신했다. 그리고 나 자신과도 약속했다. 이렇게 명확하고 구체적인 목표는 내게 큰 힘이 되어 주었다. 무엇보다 힘들고 어려울 때, 멈추지 않을 수 있도록, 포기하지 않을 수 있도록, 계속해서 전진해 나갈 수 있도록 힘이 되어 주었다.

당신은 어떤 목표를 가지고 있는가? 당신은 어떤 사람이 될 것이라고 스스로 약속했는가?

세상에 공짜는 없다. 하루하루 그냥 그렇게 사는 사람은 절대 인생이 바뀌지 않는다. 당신이 무엇인가가 되겠다고 확고한 목표를 설정하고, 스스로 매일 다짐하고 그것을 믿는 사람, 그것을 위해 하루하루 행동하고 실천하는 사람만이 실제로 그렇게 된다. 부의 임계점은 그런 사람들이 통과할 수 있다.

세상은 정확하다. 당신이 어떤 목표를 가지고, 어떤 도전을 하고 어떻게 행동하느냐에 따라서 당신의 인생은 바뀌는 것이다.

힘든 미국 이민 생활을 6개월 정도 뜨겁게 했다. 어떨 때는 밥도 굶었다. 어떨 때는 상상도 할 수 없는 어려움에 부딪히고, 서러움도 북받쳐 올랐다. 고향을 떠나 만리타국이기 때문이 아니다. 돈도 없고, 스펙도 없고, 기술도 없고, 학벌도 없었기 때문이 아니다. 이유는 알수 없었다. 모든 것이 복합적으로 작용한 것 같았다.

심신이 힘들고 사는 것이 힘들면 누구나 그럴 것이다. 하지만 나는 멈추지 않았다. 뜨거운 꿈과 목표가 있었기 때문이다. 그 목표가 부의 임계점을 돌파하게 해 주었다고 해도 과언이 아니다.

친한 친구로부터 좋은 직업을 제안을 받았다. 그것은 바로 부동산 중개업이었다. 친구의 말이 중계 수수료만 잘 받을 수 있다면 백만장자도 충분히 가능하다는 것이다.

하지만 영어도 잘하지 못하는 이민자가 세계 최대의 나라 미국에서 부동산 중개업자라는 전문직을 하기 위해서는 넘어야 할 산이 너무나도 많았다. 현실적으로 보면 불가능한 일이었다. 미국에서 태어나 영어를 잘하는 이민 2세가 아니라는 점이다. 필자가 경험한 어려움은 사실 상상 이상이었다.

가장 큰 시련과 역경은 바로 부동산 면허 시험에 합격해야 하는 것이었다. 영어도 잘 못 하는 내가 어떻게 부동산 면허 시험에 합격할수 있을까? 미국인들도 공부를 열심히 해도 떨어지는 것이 시험이지 않은가? 한국에서도 공인 중개사 시험에 도전해서 결국 실패만 하고 포기하는 사람이 적지 않다. 앞이 캄캄했다. 하지만 나는 포기하지 않았다. 아무리 힘들고 어려워도 죽기 살기로 도전했다. 내게는 확고한 목표가 있었기 때문이었다.

시험은 모두 영어로 봐야 한다. 하지만 문제가 한둘이 아니었다.

인생 최대의 절대적인 위기였다. 영어도 잘하지 못하는 사람이 낯선 제2외국어인 영어로 시험공부를 하고, 영어로 시험을 쳐야 했기 때문이다. 평생 공부와 담을 쌓고 살아왔던 사람이었다. 아무리 열심히 공부한다고 해도, 몇 년 이상이 걸릴 수도 있었다. 그 기간 버틸 수 있는 학비와 생활비도 절대적으로 없었다. 앞이 깜깜했다.

아는 것 없고, 가진 것 없는 나에게 너무나 어려운 시련이었고, 과제였다. 아무리 어렵고 힘들더라도 포기하지 않았다. 수백만 가지 안 되는 이유가 나를 막아도, 나는 반드시 백만장자가 되고 성공할 것이라는 단 한 가지 꿈과 목표를 가지고, 도전했다.

학교에 등록하고 담대하게 시작했다. 생소한 단어, 미국의 부동산 제도, 학습해야 할 게 이만저만이 아니었다. 너무도 많았지만 계속 전진했다. 꿈이 있기에 즐거웠다.

대략 1,200페이지에 달하는 영어로 된 부동산 책 내용을 완벽하게 이해해야 했다. 하지만 도저히 이해되지 않았다. 공부가 잘 안 되어서, 마지막 최후 방법으로 처음부터 끝까지 글자 하나 빠지지 않고 다 외우기로 결단했다.

한두 달도 아니고, 무려 8개월간 도서관에 다니면서, 외웠다. 결국, 처음부터 끝까지 글자 하나 빼먹지 않고, 통째로 외워버렸다. 뜨거운 꿈과 확고한 목표가 있었기 때문에 가능했다.

사람이 작정하고 도전하면 안 될 것이 없다는 가능성과 자신감이 폭발했다.

'아! 나도 되는구나! 1,200페이지가 넘는 두꺼운 책을 다 외우다니! 그것도 영어로! 한 글자도 빠지지 않고.'

내 인생 최고의 순간이었다. 나의 가능성을 경험한 최초이자 최고의 성취감을 느꼈다.

드디어 시험날이 다가왔다. 담담히 시험장에 가서 시험을 쳤다. 시험 결과는 한 달 후에 나왔다. 시험 결과는 합격이었다.

뜨거운 꿈과 목표를 가지고 아무리 어려운 시련이 있어도 포기하지 않고 도전한다면 반드시 이루어진다는 진리를 온몸으로 확인하는 순간이었다. 뜨거운 눈물이 흘러내렸다. 드디어 미국에서 부동산 중개인이라는 전문직종 사회인이 되었기 때문이었다.

하나의 도전과 성취 이후 미국 이민 생활은 하루하루가 즐거웠다. 세상은 정확하다. 아무리 힘들고 어려워도, 포기하지 않고, 임계점을 넘으면, 그래서 성공하면 그것에 따른 보상을 반드시 해 준다. 세상에 저절로 되는 것은 없다. 남들이 도전하지 않았던 것을 도전했고, 뜨거운 열정으로 임계점을 돌파하고, 이루어 냈다.

하지만 부동산 중개인이 되었다고 해서 백만장자가 된 것은 아니었다. 누구보다 더 열심히 하루하루를 살았다. 한 달에 구두 밑창이 3 켤레 정도가 구멍이 날 정도로 수없이 걸어 다녔다. 걷고 또 걷고 또 걸었다.

매매할 부동산을 찾아다니고 손님을 찾아다니고 또 다녔다. 부동산 중개인을 하면서 느낀 것이 하나 있었다. 세상에는 부자들이 많다는 사실이다. 이때 내 인생에서 가장 많은 부자를 만날 수 있었다.

부자들을 만날 기회가 많다는 것은 너무나 큰 도움이 되었다. 그들의 으리으리한 베벌리 힐스 저택 집도 방문하면서, 나의 확고한 꿈과 목표를 더 자주 다짐했다.

"나는 반드시 백만장자가 될 것이다."

우리는 강하게 만드는 것은 두 가지가 있다. 첫 번째는 내 앞에 놓인 시련과 역경과 장애물을 뛰어넘었을 때이다. 두 번째는 평범한 사람들이 상상도 하지 못하는 거대한 꿈과 목표를 가지고, 그것을 향해 도전할 때이다.

필자에게는 뜨거운 목표가 있었고, 도전했고, 성취했다. 당신은 어떤가? 이제 당신 차례다.

세 번째 이유 : 용기와 끈기의 결여

○ 물고기를 잡고 싶다면 강가로 내려가야 한다. 더 나은 미래를 꿈꾼다면 지금의 안전함과 안락함과 편안함과 익숙함에서 벗어나 새로운 뭔가를 시도해야 한다. 그렇게 하기 위해서는 용기가 필요하다. 용기를 갖고 시작했다면 그다음은 멈추지 않고, 임계점을 돌파할 끈기가 필요하다.

"우리에게 시도할 용기가 없다면 삶이 도대체 무슨 의미가 있다는 말인가?"

빈센트 반 고흐의 이 말을 우리는 항상 마음에 새기고 살아가야 할 것이다. 우리에게 뭔가 시도할 용기가 없다면, 우리는 그 어떤 것도 이룰 수 없고, 그 무엇도 될 수 없다. 그래서 용기가 없는 삶은 나의 기준에서 볼 때 삶이 아니다.

프르드리히 니체 역시 이렇게 말했다.

"모든 것의 시작은 위험하다. 그러나 무엇을 막론하고, 시작하지 않으면 아무것도 시작되지 않는다."

니체의 이 말처럼 '모든 것의 시작은 위험하지만, 무엇을 막론하고 시작하지 않았다면 나는 지금의 삶을 살지 못했을 것'이다.

위험을 무릅쓰고 모험한 덕분에 나는 가슴 뛰는 삶을, 500억 부자의 삶을 지금 살아가게 되었다.

앞서 말했듯 필자는 단돈 700달러만 가지고 바다를 건너 미국으로 가는 모험을 감행했다. 이러한 위험천만한 모험을 용기를 내고 실천한 덕분에 지금은 부자의 삶을 살고 있다. 인생을 바꾸는 데 필요한 것 중의 하나는 용기이며 끈기다. 명심하자.

바라보는 것만으로는 바다는커녕 작은 개울도 건너지 못한다는 것을.

우리가 잊어서는 안 되는 것이 있다. 당신 인생에 가장 큰 문제는 바라만 본다는 것이다. 기억하자. 바라만 본다고 해서 바다를 저절로 건너는 것은 절대 아니라는 점을. 그리고 더 큰 문제가 있다. 대부분 사람이 자신은 바다를 바라보고만 있다는 사실을 인식하지 못하고 하루하루 세월을 낭비하고 있다는 점이다.

부의 임계점

'후기 인상파'라 불리는 새로운 화풍을 창조해 낸 고갱은 모험을 두려워하지 않았기 때문에, 미술의 역사를 다시 쓰는 거인이 될 수 있었던 인물이다. 그는 주식 중개인으로 12년 동안 일했고, 수입도 좋았고, 장래가 촉망되는 사람이었다. 그야말로 안전지대에 머무는 사람이었다. 하지만 그는 35세가 되던 해, 안전지대를 벗어났다. 모험을 감행했다.

모든 것의 시작은 위험하다. 하지만 그는 위험을 무릅쓸 줄 알았다. 그리고 바로 그러한 그의 삶의 자세가 그가 거장이 되도록 해 주었다.

안정된 직장과 수입과 가족을 떠나서, 화가의 길을 시작한 그의 모험은 시작되었고, 역시 벼랑 위의 삶은 갖은 바람과 시련으로 고난을 겪게 되었다. 하지만 그는 두려워하지 않고, 계속 진군하였다.

마르티니크섬이라는 곳으로 이주하여, 그곳에서 남태평양의 분위기에 자극을 받고, 결국 '후기 인상파'라는 화풍을 창조해 냈다. 그리고 47세가 되던 해 또 다른 모험을 감행하여, 타히티로 떠났다.

그곳에서 그는 오늘날 그의 대표작으로 평가받는 타히티의 자바 여인 그림들을 그리게 되었다. 그러한 모험을 한 결과, 그는 아직도 우리에게 강렬하고 생기에 넘치는 강한 인상을 주는 명작을 탄생시킬 수 있었고, 위대한 화가가 될 수 있었다.

고갱의 삶을 통해 볼 때, 그가 아무리 큰 재능과 실력을 갖추고 있었다고 해도, 그에게 '모험을 실행할 수 있는 태도'가 만약에 없었다면, 과연 그가 위대한 화가가 될 수 있었을까?

그것은 절대 불가능하다고 말할 수 있다.

이처럼 능력보다 더 중요한 것은 바로 '모험할 수 있는 태도'인 것이다. 모험을 두려워하지 않아야만 그것과 비례하는 성취를 해낼 수 있다는 사실을 명심하자. 우리가 알아야 할 사실은 모험을 두려워하지 않고 담대하게 도전할 때 없던 능력이 생기고, 힘과 에너지가 생긴다는 사실이다. 하늘은 스스로 돕는 자를 돕기 때문이다. 괴테도 이런 말을 한 적이 있지 않은가?

> "그대가 할 수 있는 일,
>
> 꿀 수 있는 꿈을, 마음을 넓고 크게 먹고 시작하라.
>
> 담대함(용기)에는 재능과 힘과 마법이 있다."

세상을 변화시킨 48인의 위대한 위인들의 특별한 성공의 비결에 관해 광범위한 연구를 통해 그들의 여덟 가지 특징들을 그들의 성공의 계기로 꼽고 있는 진 랜드럼Gene N. Landrum은 자신의 저서인 [열정 능력자Eight Keys to Greatness: How to Unlock Your Hidden Potential]라는 책을 통해 우리에게 중요한 사실을 설명해 주고 있다.

이 책의 저자인 진 랜드럼은 우리에게 48명의 위대한 인물들의 삶을 통해, 위대함의 비결이 과연 무엇인가를 밝히고, 그것에 대해 설파하고 있다. 이러한 위인들의 연구를 통해, 여덟 가지 특징들을 선정했는데, 그 여덟 가지 특징들은 '카리스마, 승부 근성, 자신감, 의욕, 직관, 반항, 모험, 끈기'이다.

무엇보다 인상 깊은 점은 이 책의 저자는 위대함과 어리석음은 타고나는 것이 아니라, 학습된다는 점을 강조하고 있다. 그리고 그가 주장하는 가설은 바로 '성공의 비결은 성격이며, 성격은 인종, 성별, 교육, 민족 등의 영역을 초월한다는 것'이다.

그는 말한다. "천재들은 기꺼이 남들과 다른 삶을 산다!"라고 말이다. 그래서 천재들과 위대한 인물들은 기꺼이 자신을 모험의 바다 한가운데로 던져 넣는다고 한다. 그러한 모험을 전혀 두려워하거나, 회피하려고 하지 않는다는 것이다.

우리가 배워야 할 중요한 한 가지는 바로 이것이다. 모험을 두려워하지 않는 도전 정신이 바로 위대한 사람들의 가장 큰 특성이라는 것이다. 두려워하지 않고 도전하면 그것에 걸맞은 능력과 에너지가 생겨난다는 것도 우리는 기억해 둘 필요가 있다.

위대한 사람들, 성공하는 사람들은 뭔가 남다르지만, 그들의 독특함에도 일정한 유형이 있다. 일단, 대부분의 위대한 사람은 자기만의 렌즈로 세상을 보며 일반적인 사람과는 다른 동기와 의욕을 보인다.

보통사람들은 일상적인 상황에서 벗어나면 다음에는 어떤 일이 벌어질까 하는 두려움에 떨지만, 성공하는 사람들은 정반대다. 새로운 경험이 될 기회를 찾느라 이리저리 뒤지고 다닌다든가, 무리에서 이탈하는 기회를 성공의 발판인 새로운 기회로 삼는다.

위대한 사람들은 왜 이런 성향을 보일까? 그들은 어려운 환경에서도 가능성을 모색하고 도전한다. 이런 경험들은 그들을 행복하게 만들고 강화한다. 실패하는 사람들이 공포심을 느끼는 것과는 달리, 성공하는 사람들은 위기가 닥치면 흥분을 감추지 못한다. 용기를 가진 자와 없는 자의 차이라고 할 수 있다.

평범한 사람들은 안전지대에 머물러 있어야 하고, 자신은 무엇보다 안전해야 한다고 의식한다. 반면에 성공하는 사람들은 안전지대에 머물러 있으면 더 나은 내일이 존재하지 않는다는 것을 의식한다. 이들에게는 어제와 같은 삶, 평범한 삶은 지옥보다 더 견디기 힘든 것이기 때문이다.

실패보다 더 두렵고 부끄러운 것은 도전도 해 보지 못하는 나약한 삶이다. 그래서 세네카가 이런 말을 했던 것이 아닐까?

"어떤 일을 하지 못하는 것은 그것이 어려워서가 아니다. 차마 어려운 일을 할 용기가 없기 때문이다."

"매일매일 도전하지 않고서 인생에서 얻을 수 있는 것은 아무것도 없다"라고 말한 헬렌 켈러 여사의 삶을 살펴보면, 도전도 하지 않는 삶이 얼마나 부끄러운 삶인지, 그러한 삶을 산다는 것이 얼마나 두려운 일인지 알 수 있다.

위대한 사람들이 위대한 삶을 살아갈 수 있었던 것은 그들에게 목숨을 바쳐서 도전하고 싶은 일이 있었기 때문이다. 이것은 다시 말해, 목숨을 바쳐서 무엇인가에 도전했기 때문에, 그러한 도전 과정에서 그 사람이 성장하고 발전하며, 삶의 가치가 더욱더 확고하게 형성되었기 때문이라고 말할 수 있다. 헬렌 켈러 여사의 말대로 우리가 매일매일 도전하지 않는다면, 우리는 아무것도 얻을 수 없을 것이다.

삶의 가장 큰 영광은 도전하는 것에 있다고 말하는 남아공 최초의 흑인 대통령인 넬슨 만델라의 말을 다시 한번 되새겨 보자.

"절대 넘어지지 않는 것이 아니라, 넘어질 때마다 다시 일어서는 것, 거기에 삶의 가장 큰 영광이 존재한다."

그의 말처럼, 넘어질 때마다 다시 일어나서 도전할 수 있는 사람은 가장 영광스러운 삶이며, 가장 아름다운 삶을 살 것이다. 이러한 영광스러운 삶을 살고 싶다면, 가장 먼저 편안하고, 안전하고, 익숙한 안전지대에서 과감히 벗어나야 한다. 그래서 용기를 내고, 시도하고 도전해야 한다.

이러한 사실을 [폰더 씨의 위대한 하루]의 저자인 앤디 앤드루스는 잘 책에서 잘 말해 준다.

"어떤 현자가 이렇게 말했다. '천리 길도 한걸음부터.' 이 말이 진실이라는 것을 알기 때문에 나는 오늘 한 걸음을 떼놓는다. 너무 오랫동안 내 발은 망설여왔다. 바람의 풍향을 살피면서 왼쪽으로 갈까 오른쪽으로 갈까, 뒤로 갈까 앞으로 갈까 망설였다. 바람이란 무엇인가? 사람들의 비판, 비난, 불평이 모든 것이 바람의 요소이다. 하지만 바람의 풍향 따위는 나에게는 아무런 영향도 미치지 못한다. 방향을 결정하는 힘은 나에게 있다. 오늘 나는 그 힘을 행사하겠다. 나의 길은 결정되었다. 내 운명은 내가 개척한다."

- 앤디 앤드루스, [폰더 씨의 위대한 하루] 중

용기와 함께 꼭 있어야 하는 것이 바로 끈기다. 끈기야말로 부의 임계점을 돌파하기 위해 반드시 있어야 한다.

임계점을 돌파하기 위해서 끈기가 필요한 이유는 어떤 일을 하더라도 언제나 반드시 시련과 역경, 고난과 실패가 존재하기 때문이다. 임계점을 돌파하기 위해서는 반드시 고난을 극복해내야 하고, 힘든 시련을 이겨내야 한다.

고난과 시련이 없는 임계점 돌파는 상상도 할 수 없다. 임계점 돌파의 사전 조건이 시련과 역경의 극복이다. 그래서 이러한 시련과 역경, 고난을 통해 세상의 모든 발전도 성취도 사실상 이루어진 것이다.

고난이 없으면 어떠한 발전도 없고, 성취도 불가능하다. 왜냐하면, 고난을 통해 우리는 임계점을 돌파할 것이고, 그 순간 더욱더 멋진 일을 해 낼 능력이 샘솟기 때문이다. 고난이 있었기에, 그 고난 덕분에 큰 업적을 성취해 낸 사람들이 적지 않다. 그중 한 명을 꼽으라고 하면, [실낙원]을 쓴 존 밀턴John Milton이 있다.

그는 마흔두 살의 나이에 두 눈의 시력을 완전히 잃는 시련을 만났다. 지금처럼 과학, 기술이 발달했다면, 별문제도 아니었을 수 있겠지만, 그 당시에는 시각장애인이 될 수밖에 없었다. 하지만 밀턴은 멈추지 않았다. 포기하지 않았다.

모든 임계점 돌파에는 이러한 시련과 역경, 장애물과 방해물이 반드시 존재한다. 끈기가 필요한 것이다. 그는 실명했음에도, 포기하거나 멈추지 않았다. 더욱더 온 힘을 다해 집필에 매진했다. 그에게 닥친 엄청난 재난과 고통은 자신이 쓰는 작품에 오롯이 흘러 들어갔다. 그 결과 불후의 명작인 [실낙원]을 탄생시켰다.

밀턴은 아마도 이렇게 말했을 것이다.

"내가 [실낙원]을 집필한 것은 바로 실명이라는 고난이 내 인생에 찾아와 주었기 때문이었다."

고난이 우리에게 가져다주는 것 중의 하나는 멈추거나 포기하지 않고 전진해 나갈 힘을 준다는 놀라운 사실이다. 그는 고난과 역경을 통해 더 강해졌다. 그는 장애물을 넘어가면서, 넘어갈 때마다 더욱더 강해지는 법을 알았고, 그 힘을 실천했던 인물 중의 한 명이었다.

우리는 인생을 살면서 시련과 역경과 같은 고난을 예측할 수 없고 다 피할 수 없다. 하지만 그 고난에 어떻게 대처하고, 대응하며, 극복해 나가는가에 따라, 그 사람의 고난 후의 삶이 180도 달라질 수 있음을 알아야 한다.

끈기란 자신의 노력이나 열정, 헌신, 능력, 수고 등을 아까워하지 않고, 아낌없이 쏟아부어 끝까지 해내는 근성을 말한다. 그래서 부자들과 성공한 자들을 보면 망설이지 않고, 목표를 향해, 종착지를 향해 뚜벅뚜벅 걸어가는 모습을 쉽게 상상할 수 있다. 이것이 바로 끈기 있는 자의 모습이고, 바로 임계점을 돌파하는 사람의 모습이다. 이러한 사실을 19세기 후반 프랑스의 소설가이자 극작가인 쥘 르나르^{Jules Renard}는 다음과 같이 표현했다.

> "강한 자는 망설이지 않는다. 굳건히 자리를 잡고, 땀을 흘리며, 끝을 향해 나아간다. 잉크를 다 써서 없애고, 종이를 모두 써 버린다."

바로 이것이 부자가 될 사람들, 성공할 사람들에게는 쉽게 찾아볼 수 있는 하나의 공통된 모습이다. 끈기가 없다면 그 어떤 일도 제대로 해낼 수 없다는 것은 사실이다. 끈기는 매우 중요하다.

이러한 사실을 우리는 빈센트 반 고흐를 통해 알 수 있다. 이러한 사실을 잘 말해 주는 부분을 살펴보자.

> "반 고흐를 예로 들어보자. 그는 목사 임용을 거부당한 후 화가의 길로 접어들기 위해 앞으로 그릴 그림들을 상상해보았다. 그때까지만 해도 그림들은 머릿속에서만 존재했을 뿐, 그에게는 캔버스 위에서 실제로 표현할 능력이 거의 없었다. 이때 고흐기 작품의 이미지를 머릿속으로만 상상하다가 '에이!

수건쪼가리에나 그려본 다음 내던지면 그만인 이미지야'라고 혼자 씁쓸히 불평하고서 포기해 버렸다면 어떻게 됐을까? 우리는 결코 그의 멋진 그림들을 만날 수 없었을 것이다. 하지만 그는 다른 길을 택했다.

(무작정) 열심히 노력하는 길 말이다. 여러 달 동안 부단히 연습한 끝에 머릿속 이미지를 실제 작품으로 바꿔놓을 붓놀림 실력을 길렀다. 그는 먼저 편백나무를 그리는 연습을 했고, 이어 고사리, 포플러, 수선화 등을 그리는 연습을 했다. 그러면서 항상 생산적인 방법이 무엇일까를 고민했다. 붓놀림 실력이 제법 갖춰졌다는 생각이 들자, 본격적인 작품 활동을 시작했고, 오늘날전 세계가 그 결과를 알고 있다."

- 에릭 메이슬·앤 마이젤, [뇌내폭풍] 중

빈센트 반 고흐는 미술에 대해 제대로 된 전문적인 교육이나 훈련도 전혀 받지 않았다. 그는 무작정 도전했고, 자신만의 길을 개척해 나갔다. 그는 생전에 당연히 아무도 인정해주지 않았다. 그는 아무리 해도 팔리지 않는 물건 같은 작품들을 수도 없이 쏟아냈다.

누가 봐도 무도한 것이었다. 하지만 그는 그런 시련과 역경 앞에서도 포기하거나 멈추지 않고, 놀라운 끈기를 발휘하였고, 그 결과 임계점을 돌파할 수 있었다. 임계점을 돌파하면, 성공은 당연히 따라온다. 시간이 좀 걸릴 수도 있지만 말이다. 결국, 그는 위대한 화가로 평가받았을 뿐만 아니라 그가 남긴 작품들도 매우 높게 평가받고 있다.

이처럼 끈기는 시련과 역경을 만났을 때, 장애물과 방해물을 만났을 때 위력을 발휘한다. 끝까지 임계점을 돌파하게 해 주는 힘 중에 하나다. 당신에게도 끈기가 있는가? 없다면 만들어야 한다. 끈기를 사라지게 하는 것이 무엇일까? 바로 다음에 이어 이야기할 조급증과 욕심, 그리고 철새의 근성이다.

네 번째 이유 : 조급증

　　○　　중국 전략가들의 다양한 전략과 전술 이야기가 담겨 있는 [전국책]이란 고전을 보면, 임계점을 돌파하는 데 필요한 조언이 되는 말이 많다. 그중 하나가 이 말이다.

　　'행백리자 반어구십.'

　　"백 리를 가고자 하는 사람은 구십 리를 반으로 삼아야 한다"라는 뜻이다. 그렇다. 최소 10년 동안 한 우물을 파야 임계점을 돌파할 수 있다. 그렇게 하기 위해 가장 경계해야 하는 것은 바로 '조급증'이다.
　　꾸준히 한 걸음 한 걸음 쌓지 않으면 천릿길도 가지 못한다. 작은 빗방울이 모여서 거대한 댐도 붕괴시킨다. 하지만 조급증을 가지고 있는 사람은 절대 이 과정을 견뎌 낼 수 없다.

　　[사막을 건너는 여섯 가지 방법]의 저자인 스티브 도나휴는 우리에게 슬기로운 삶의 기술과 태도에 대해 조언해 준다.

살다 보면 길을 잃을 때고 있고, 헤맬 때도 있고, 진퇴양난처럼 오도 가도 못 하는 상황에 빠지기도 한다. 심지어 앞길이 보이지 않고, 길도 없는 것처럼 느껴질 때도 있다. 이럴 때마다 우리에게 필요한 것은 조급해하지 않고, 느긋해할 수 있는 마음이 필요하다.

이 책의 저자는 말한다. 오아시스를 만날 때마다 쉬어가라고 말이다. 더 많이 쉴수록 더 멀리 날아갈 수 있다. 임계점을 돌파하기 위해 끈기를 가지고 전진하는 일은 필요하다. 하지만 정기적으로 주기적으로 휴식을 취하고, 쉬는 것도 더 많이 전진하고 더 빨리 전진하는 데 필요하다.

예전에 어떤 책에서 본 적이 있는 이야기를 하고 싶다.

하나의 마차와 네 명으로 이루어진 두 팀이 경주했다. 멀리 떨어진 목적지에 도착하기 위해서는 6개월 이상 달려야 했다. 한 팀은 하루도 쉬지 않고 달렸고, 또 다른 팀도 열심히 쉬지 않고 달렸지만, 일주일에 하루, 일요일은 반드시 쉬면서 정비하고, 휴식을 취하고, 말도 쉬게 했다.

어떤 팀이 더 빨리 더 건강하게 더 쉽게 목적지에 도달했을까?

얼핏 보면 하루도 쉬지 않고 달리는 팀이라고 생각할 수 있다. 하지만 놀랍게도 승자는 일주일마다 하루, 즉 일요일마다 쉬면서 정비를 하고, 휴식을 취한 팀이었다.

이 팀이 목적지에 훨씬 더 일찍 도착했을 뿐만 아니라 사람의 건강 상태도, 말의 상태도, 출발할 때보다 더 건강한 상태로 도착했다. 반면에 훨씬 더 늦게 도착한 다른 팀은 사람들의 몰골이 말이 아니었다. 지쳐서 금방이라도 쓰러질 것 같았고, 말도 마찬가지였다.

하루도 쉬지 않고 달린 팀은 처음에는 앞서 나갔지만, 한 달이 지나자 곧 피로가 누적되어, 급기야는 여기저기 고장 나고, 삐걱대기 시작했다. 사람도 그렇지만, 말도 마찬가지였다. 마차도였다.

정기적으로 쉬면서 휴식을 취하는 것이 얼마나 중요한 것인지를 이 일화는 잘 말해 준다. 부의 임계점을 돌파할 때, 반드시 잊어서는 안 되는 것이 바로 조급증을 버리고 휴식을 취하는 것이다. 휴식을 많이 취할수록 더 멀리 갈 수 있을 뿐만 아니라 더 빨리 갈 수 있다.

조급증이 없이 열심히 하면서도 정기적으로 쉴 수 있는 여유는 매우 중요하다. 몸과 마음의 건강을 좌우할 뿐만 아니라 하는 일의 성과에도 직접 영향을 주기 때문이다. 이런 사실을 잘 말해 주는 대표적인 사례가 유대인들의 사례다.

유대인들은 거의 모든 분야에서 세계적인 두각을 나타낸다. 학문 분야에서도 노벨 수상자들이 인구수 대비 가장 많은 민족이며, 경제 분야에서도 세계 부자 상위 10% 안에 유대인이 너무 많이 분포하고 있다. 그들은 어떻게 해서 상위 1% 민족이 될 수 있었을까? 세계 인구의 0.3%에 불과하면서도 어떻게 인류의 혁명과 문명의 발전에 핵심적이고 주도적인 역할을 할 수 있었을까?

유대인들에게 가장 큰 영향을 준 책은 [탈무드Talmud]다. 탈무드는 유대인이라면 반드시 공부해야 하는 경전이기도 하다. 하지만 탈무드라는 지혜의 책보다 더 유대인들에게 강력한 영향을 준 것이 있다. 그것은 바로 '안식일' 제도다.

유대인들이 세계 최고의 부자가 되고, 세계 최고의 성과를 거두는 학자, 과학자, 혁신가, 감독, 기업가 등 각 분야에서 최고가 되도록 해준 가장 큰 요소는 히브리어로는 '샤바트'라고 불리는 안식일 제도다.

히브리어로 샤바트에는 '멈추다', '중지하다'란 의미가 있다. 유대인들은 6일 동안 노동한 후, 7일째 되는 안식일에는 일을 중지한다. 하루 동안 온전히 휴식을 취하고, 성경과 탈무드를 읽고, 가족과 함께 시간을 보내며, 몸과 마음을 재충전한다.
이러한 안식일 제도를 통해, 유대인들은 다른 민족들보다 더 멀리 가고, 더 높이 오를 수 있었다.

휴식의 중요성을 연구한 결과는 이미 많이 나왔고, 입증되었다. 영국의 일간지 '인디펜던트'에서 발표한 연구자료에 따르면 6시간 근무

제를 도입했을 때 근로자의 스트레스는 크게 줄고 업무 효율은 올라간다고 나왔다.

왜 근무 시간이 줄어들면 업무 효율은 올라가는 것일까? 근무 시간을 줄이고 충분히 휴식을 취하면 업무에 대한 집중도가 크게 올라가기 때문이다. 집중력이 높아지면, 10시간 할 공부를 한 시간 안에도 할 수 있다. 충분한 휴식은 창의적인 업무에도 큰 도움이 된다.

매일 쉬지 않고 연구하는 학자보다 일주일에 하루씩 몸과 마음을 재충전하고 휴식을 취하는 학자가 더 창의적인 성과를 내는 이유가 바로 여기에 있다.

실패를 많이 해야 한다. 실패를 많이 할수록 성공으로 나아갈 수 있다. 제갈량도 "제대로 패하는 자는 망하지 않는다"라고 말했다. 조급증을 경계해야 하는 이유가 바로 여기에 있다. 조급한 사람은 한두 번의 실패로 자신이 도달해야 할 최종 목적지가 그것밖에 되지 않는다고 속단하곤 한다.

무릇 성공한 사람 중에 수많은 실패를 경험하지 않은 사람은 없다. 임계점을 돌파하기 위해서는 셀 수 없을 만큼 많은 실수와 실패, 시행착오를 해야 한다. 그런 것들이 토대가 되어, 임계점을 돌파하게 되는 것이다. 그러므로 실패를 기뻐하고 반갑게 생각해야 한다. 실패가 많을수록 임계점을 돌파하는 그 순간이 가까워지기 때문이다.

바로 이런 이유에서 부와 성공의 임계점을 돌파하는 사람들은 모두 태도가 남다르다. 조급하지 않기 때문에, 실패를 아무리 많이 해도 또다시 도전하고 성공에 이를 수 있다. 조급증이 없는 사람만이 끊임없이 전진해 나갈 수 있고, 포기하지 않을 수 있다.

명심하자. 울창한 숲도 처음에는 한 알의 씨앗에서 시작되었다. 하루아침에 부와 성공은 절대 이루어지지 않는다. 하루아침에 이루어진 부와 성공은 하루아침에 없어질 수 있는 가짜 부와 성공이다.

필자의 경험으로 확실하게 말할 수 있는 한 가지 진리가 있다면 그것은 하루하루를 전진해 나가는 데 성공하면 인생에서도 성공하게 된다는 것이다. 조급증이 있는 사람은 꾸준히 전진해 나가는 것이 불가능하다.

오늘 하루, 전진해 나가기에 실패한 사람은 결국 전체 인생에서도 실패한 사람이 되고 만다. 오늘 하루의 전진에 성공한 사람은 궁극적으로 인생에서 성공한 사람이 된다. 이러한 사실은 우리가 코끼리를 잡아먹는 방법에 대한 물음을 통해서도 알 수 있다.

'코끼리를 잡아먹는 방법이 무엇인가?'

이 질문에 정답은 여러 가지이지만, 그 대답은 어떤 것이든 본질적인 대답의 성격은 이것일 것이다.

'한 번에 한 입씩!'

아무리 큰 코끼리라도 그것을 잡아먹는 유일한 방법은 한 번에 한 입씩 먹는 방법이다. 코끼리를 거대한 기계에 통째로 집어넣어 엄청난 음료수로 만들 수 있다고 해도, 결국에는 한 번에 한 입씩 마셔야 하고, 코끼리를 삶든 굽든 우리는 한 번에 한 입씩 먹어야 한다.

성공도 이와 다르지 않다. 인생의 성공은 코끼리를 잡아먹는 방법과 다르지 않다.

'하루에 하루의 목표만큼 전진해 나가는 것!'

하루에 하루의 목표를 정해서 그것에 전진해 나가는 사람은 결국 인생에서도 성공하게 된다. 하루를 전진하고, 또 그다음 날을 전진하면, 그것이 쌓이고 쌓여서 부와 성공의 임계점을 돌파할 수 있게 되기 때문이다.

조급증을 가진 사람은 최소 10년 동안 이러한 전진을 꾸준히 할 수 없다. 명심해야 할 것은 부의 임계점을 돌파하지 못한 사람은 진짜 부자로 도약할 수 없다는 사실이다.

부와 성공의 임계점 돌파는 결코 단번에 가능하지 않다. 그래서 성공은 하루아침에 이루어지지 않는다.

"바다를 단번에 만들려 해서는 안 된다. 우선 냇물부터 만들어야 한다."

유대인 율법 학자들이 유대 사회의 모든 사상에 대하여 구전된 것을 집대성한 책인 [탈무드]에 나오는 이 말은 성공을 향해 자신을 불태우고자 하는 자들에게 좋은 가르침을 준다.

이 세상에서 단번에 바다를 만들 수 있는 것은 창조주뿐이다. 심지어 유대인들이 말하는 창조주는 엿새 동안 하나씩 차근차근 천지를 창조해 나갔다. 인간도 이러한 사실에 대해 깊은 교훈을 얻어야 한다.

당신이 바다를 만들거나, 위대한 제국 로마를 만들거나, 자신의 인생에서 위대한 성공을 하고 싶다면, 우선 작은 냇물부터 만들어야 하고, 작은 변화들을 이루어 내야 한다. 그러한 것들이 모여서 결국 바다가 되기 때문이다.

독자들이여. 조급증을 버리고, 먼저 냇물부터 만들어라.
오늘 할 수 있는 것을 최선을 다해서 하는 것이 중요하다.

다섯 번째 이유 : 갈아타기, 철새의 근성

○ "여우는 많은 것을 알고 있지만, 고슴도치는 하나의 큰 것을 알고 있다."

이 말은 매우 중요한 인생 교훈을 담고 있다. 이 말은 20세기를 대표하는 위대한 자유주의 사상가이자 영국의 철학자이자 정치사상가인 이사야 벌린Isaiah Berlin의 수필 [고슴도치와 여우The Hedgehog and the Fox 우리는 톨스토이를 무엇이라 부르는가]에 나오는 말이다.

하지만 최초는 고대 그리스 시인 아르킬로코스의 말에서 비롯되었다고 전해진다.

이사야 벌린은 자신의 수필에서 인간을 두 가지 유형으로 나눈다. 그는 인간을 고슴도치형과 여우형이라는 두 가지 유형으로 나누어 삶의 교훈과 전략을 이야기해 준다. 고슴도치와 여우의 전략을 설명하기 위해 그는 톨스토이를 비롯한 수많은 지식인을 언급하고, 분석하고 설명한다.

이사야 벌린뿐만 아니라 [좋은 기업을 넘어, 위대한 기업으로Good to Great]의 저자인 짐 콜린스도 이 두 가지 인간 유형을 기업의 전략 차원으로 승화시켜 해석하기에 이르렀다.

짐 콜린스는 좋은 기업에서 위대한 기업으로 도약한 위대한 경영자들이 사용한 전략은 꾀가 많고, 약삭빠르고 이것저것 눈치 빠르게 여러 가지 전략을 상황에 맞게 구사하는 그런 여우의 전략이 아니라, 미련하고 바보스럽기까지 보일 정도로 우직하게 하나의 크고 단순한 전략을 구사하는 그런 고슴도치 전략이라는 사실을 밝혀냈다.

그렇다. 크게 성공하고 부자가 되는 사람들은 절대 철새처럼 이것저것 시도하고, 갈아타지 않는다. 고슴도치처럼 한 가지를 우직하게 붙잡고 평생 그 한 가지만 열심히 하고, 잘하는 것이다.

여우와 고슴도치가 싸우게 되면, 여우는 고슴도치를 이기기 위해 다양한 전략을 구사한다. 마치 철새가 이리저리 옮겨 다니는 것처럼 말이다. 하지만 여우와 비교하면 고슴도치의 전략은 너무나 단순하다. 바보스럽기까지 하다.

그저 우직하게 몸을 웅크리고 가시를 세우는 것은 가장 잘할 수 있는 것이며 동시에 자신이 할 수 있는 유일한 것이다. 그 어떤 반응도 보이지 않는다. 그 어떤 다른 행동을 취하지 않는다. 절대 옮겨 다니지 않는 것이다.

하지만 승자는 언제나 고슴도치이듯, 이 책에서 짐 콜린스가 언급하는 많은 위대한 기업들은 모두 '고슴도치의 웅크리고, 가시 세우기'와 같은 단 한 가지의 단순한 전략으로 위대한 기업으로 도약을 하고 승리를 거머쥐었다는 사실을 우리는 알아야 한다.

우리의 인생 전략도 이와 다르지 않다. 부와 성공의 임계점을 돌파한 사람들은 모두 고슴도치처럼 한 가지만 알고, 한 가지를 우직하게, 최소 10년 이상을 하는 사람이다. 절대 여우처럼 이것 좀 하다가, 또 저것 좀 하다가, 다시 이것 좀 하는 그런 철새와 같은 전략을 구사하지 않는다.

성공하는 사람과 실패하는 사람, 부자와 가난한 사람, 고수와 하수, 대가와 평범한 사람들의 가장 큰 차이는 한마디로 '우직함'이라고 할 수 있다. 우직함을 통해 부의 임계점을 돌파할 수 있기 때문이다. 그래서 '우직함은 다른 말로 임계점 돌파를 가능하게 해 주는 단 한 가지 전술 전략'인 셈이다.

당신은 여우형인가? 지금까지 그렇게 살아왔다면 이제부터는 고슴도치가 되어야 한다. 고슴도치형이 임계점을 돌파할 수 있는 전술이기 때문이다.

고슴도치 전략을 통해 임계점을 돌파해서 자신의 분야에서 세계 최고의 성과와 업적을 남긴 인물 중의 한 명이 바로 파스퇴르다.

1881년 5월 5일, 프랑스 푸이 르포르 목장에서 염소와 소와 양에게 인류 최초로 백신이 주사되었다. 그리고 17일에 또 한 번 접종이 이루어졌다. 그리고 31일에는 병독성이 강한 탄저균이 들어있는 용액이 주사되었고, 그와 동시에 백신을 한 번도 맞지 않은 염소와 소와 양에게도 탄저균이 주사되었다.

그로부터 삼 일 후 그곳에서는 역사적 발견이 공식적으로 입증되었다. 탄저병 백신을 접종받은 동물들은 모두 건강했지만, 그렇지 않고 탄저균을 주사 받은 동물들은 모두 이미 죽었거나 열병 증상을 보이면서 서서히 죽어가고 있었기 때문이다.

과학사와 산업사에서 가장 가치 있는 업적을 세운 프랑스의 화학자이자 미생물학자인 루이 파스퇴르Louis Pasteur는 미생물이 질병과 발효의 원인이 된다는 사실을 증명했다. 이뿐만 아니라 광견병, 탄저병, 닭 콜레라 등에 대한 백신을 최초로 만들었다.

그를 프랑스 시민들은 나폴레옹보다 더 위대한 업적을 남긴 위인으로 추앙하고 있다. 그가 위대한 업적을 성취해 낼 수 있었던 비결을 묻는 사람들에게 대답하는 말이 바로 이 말이다.

"내가 당신들에게 내 성공의 비밀을 털어놓겠다. 나의 모든 힘은 끈기(우직함) 이외에는 아무것도 없다."

그의 모든 힘은 고슴도치 전략이었던 단 한 가지만 우직하게 하는 우직함이자 끈기 이외에는 아무것도 없었다. 이처럼 단 한 가지만 붙잡고 끝까지 하는 이런 우직함과 끈기는 우리가 상상도 하지 못하는 위력을 발휘해 낼 수 있게 해 주는 마법이다. 끈기는 과학자에게만 필요한 것이 아니다. 글을 쓰는 작가에게도 필요한 것이다.

"어떤 일을 마무리했다고 그것이 곧 걸작이 되는 건 아니다. 나는 책을 100권 이상 만들어냈다. 물론 모든 책이 잘 나가지는 않았다. 하지만 그 책들을 쓰지 않았다면 나는 이 책(린치핀)을 쓸 기회를 얻지 못했을 것이다."

[보랏빛 소가 온다], [린치핀]으로 우리에게도 유명한 베스트셀러 저자인 세스 고딘의 말이다. 우리는 그의 이 말에서 그가 꾸준히 책을 쓰지 않았다면 [린치핀]과 같은 걸작을 쓸 수 없었을 것이라는 사실에 대해 알 수 있다. 그가 책을 꾸준히 쓰지 않고, 처음 한두 권의

실패로 인해, 다른 일을 하거나, 사업을 경영하거나, 운동선수를 했다면, 지금처럼 큰 성공을 거둔 작가가 되지는 못했을 것이 분명하다.

결국, 세스 고딘이 위대한 작가가 될 수 있게 해 준 것은 철새의 근성이 아닌 단 한 가지만 알고 그것만을 우직하게 밀어붙이는 우직함과 꾸준함이었다. 고슴도치 전략이었던 우직함과 꾸준함은 세스 고딘에게만 적용되는 강력한 힘은 아니다. 대부분 천재와 예술가들도 모두 우직함과 꾸준함을 통해 최고의 자리에 오를 수 있었다.

이런 고슴도치 전략은 부자가 되는 최고의 방법이기도 하지만, 학자가 되는 가장 효율적인 방법이기도 하다. 우리 선조 중 대표적인 고슴도치형 인재는 바로 추사 김정희 선생과 다산 정약용 선생이다.

이 두 분 선생은 모두 시련과 역경에 해당하는 유배 생활을 통해서 큰 발전과 성과를 창출해 낼 수 있었고, 그러한 환경에서는 고슴도치 전략이 유일한 전략이 될 수밖에 없음을 우리는 잘 알 수 있다.

왜 많은 위인이 감옥이나 섬에서, 혹은 유배지에서 위대한 업적과 성취를 해낼 수 있었을까? 바로 철새의 근성을 버릴 수밖에 없고, 고슴도치 전략만을 실천할 수 있기 때문이다.

[철학의 위안]이란 책을 쓴 보에티우스도 마찬가지였다. 서구 기독교 사회에서 가장 많이 읽히는 책은 [성서]라는 것은 누구나 상식으로 알 것이다. 그렇다면 성서 다음으로 많이 읽히는 책은 무엇일까?

그것은 바로 보이티우스Boethius, 6세기의 저서 [철학의 위안The consolation of Philosophy]이다. 이 책은 자기계발서 분야에서뿐만 아니라 세계적인 거장들에게 많은 영감을 준 책이며, 오랫동안 많은 대중을 계몽시킨 위대한 책이 되었다. 이 책을 통해 영감을 받은 거장들은 단테와 초서, 아퀴나스 등 수없이 많다. 이 책은 지금까지 나온 책 중에서 행복의 본질에 대한 가장 심오한 책이다.

그런데 이 책이 세상에 나오게 된 것은 보에티우스가 고슴도치 전략을 실천할 수 있었던 상황, 즉 사형수가 되어 감옥에 갇힌 상황 때문이었다.

보에티우스Boethius는 로마의 귀족 가문에서 태어나, 문학, 철학, 산술학, 기하학, 음악, 천문학 등 다방면의 공부를 한 인물이며, 그 당시 상당한 특권층의 인물이다. 그는 정치가이면서 철학자이면서 신학자였다. 로마의 최고 교육을 받은 그는 20대 후반의 젊은 나이에 집정관에 임명되기까지 한다. 그리고 그는 로마 원로원과 사회의 중심인물이었을 뿐만 아니라 존경받는 학자였다. 로마제국이 기독교국 시대로 접어들었지만, 보에티우스는 그대로 자신의 사회적 지위를 그대로 유지할 수 있었고, 최고 행정사법관이 되기도 하였다. 즉 그의 삶은 너무나 화려하기까지 하다. 하지만 그는 로마제국의 급변하는 회오리 속에서, 왕실의 음모로 반역죄를 뒤집어썼고, 결국 그는 사형 선고를 받게 되어, 사형수가 되고 만다.

좋은 집안과 좋은 교육, 그리고 좋은 권력, 좋은 평판까지 받은 그는 그야말로 모든 것을 누리던 사람이었으나, 하루아침에 그의 삶은 자신의 실수가 아닌, 타인의 음모로 인해, 완전히 몰락하게 되었다. 그래서 그는 두려움과 절망과 분노로 가득 찬 독방의 사형수 보에티우스가 되어 버렸다. 억울하기까지 한, 알 수 없는 현실과 희망이 없는 비극적인 운명이 그를 최악의 상황으로 그를 만들었다.

하지만 감옥에 갇히는 최악의 상황은 다른 말로 해서 절대로 여우형 전략을 쓸 수 없는 상황이다. 철새처럼 이것도 하고, 저것도 할 수 없는 상황이다. 그래서 감옥에서 위대한 고전이 많이 나오게 되는 것이다.

추사 김정희 선생도, 다산 정약용 선생도, 학문적으로, 가장 큰 진보와 발전과 성과를 창출한 시기는 감옥과 같은 유배 생활 기간이었다. 만약 이 두 분 선생이 유배 생활을 하지 않았다면, 추사체도, 다산학도 존재하지 않았을 것이 분명하다.

추사 김정희 선생은 시詩, 서書, 화畵 분야에서 독창적이며 뛰어난 업적을 남긴 조선 시대의 대표적인 학자이자 예술가이다. 그가 그렇게 독창적이고 뛰어난 업적을 남길 수 있었던 것은 엄청난 양의 노력과 연습 그리고 훈련과 공부 때문이었다.

그가 큰 업적을 남기고 추사체의 창시자가 된 것은 그의 재능 때문이 아니라 그의 노력 때문이었고, 그것은 한마디로 꾸준함이 그를 만들었다는 것을 알 수 있다.

이러한 사실을 우리는 그가 유배 생활을 했던 제주도 추사유배지에 있는 추사관에 있는 관련 자료를 통해 쉽게 알 수 있다.

제주 유배 생활은 55세가 된 육지의 사대부 양반이 견디기에 벅찼을 것이다. 그런데 아이러니하게도 9년 동안의 제주 유배가 추사의 업적에 큰 영향을 끼쳤다. 추사는 소나무와 잣나무 같은 굳은 의지로 산고産苦와 같은 제주의 삶을 극복하면서 당대 최고의 학자가 된 것이다. '추사체'와 '세한도'는 제주가 준 작은 선물이었다.

모거리(별채)는 김정희가 기거하던 곳이다. 집 울타리 밖으로 나갈 수 없는 위리안치圍籬安置의 형을 받은 김정희는 이곳에서 학문과 예술을 심화시켰다. 그의 추사체는 벼루 열 개를 구멍 내고 붓 천 자루를 닳아 없어지게 했다고 할 정도로 고독한 정진 속에서 완성되었다고 할 수 있다.

추사 선생이야말로 고슴도치 전략의 가장 대표적인 인물인 것이다. 벼루 열 개를 구멍 내고, 붓 천 자루를 닳아 없어지게 하는 과정에서 그는 천재의 임계점을 돌파했다. 임계점을 돌파하고 나면, 자신만의 새로운 글씨체도 만들어 낼 수 있게 된다. 그 결과 탄생한 것이 바로 추사체인 셈이다.

조선 후기 실학을 집대성한 다산茶山 정약용丁若鏞 선생도 또한 그의 위대한 업적을 가능하게 해 준 것은 '임계점 돌파를 가능하게 해 주는 고슴도치 전략인 한 가지만을 우직하게 할 수 있게 해 주는 꾸준함'이라고 할 수 있다. 다산 정약용이 집필한 책으로 그가 남긴 책은 무려 500여 권이다.

우리는 공자의 '위편삼절韋編三絶'에 대해서는 많이 알고 있다. 공자가 주역을 공부할 때 가죽끈이 세 번이나 끊어질 정도로 열심히 공부했다는 뜻이다. 하지만 더 우직하고, 더 꾸준하게 공부한 공부의 대가는 공자가 아니라 바로 다산이었다. 위편삼절은 많은 이들이 알고 있지만, 이와 비슷한 맥락을 가지고 있으면서, 우리 선조인 다산 정약용과 관련된 과골삼천踝骨三穿에 대해서는 아는 사람이 적다.

다산 정약용 선생이 20년 동안의 유배 생활 동안 공부를 얼마나 열심히 그리고 꾸준히 했는지를 나타내주는 말이 바로 '과골삼천踝骨三穿'이란 말이다.

복사뼈에 세 번이나 구멍이 날 정도로 공부를 했다는 것을 의미하는 이 말은 그가 얼마나 꾸준히 공부에 일로매진했던 인물인지를 분명하게 알 수 있게 해 준다.

정확히 그는 유배 18년간 500권의 책을 저술할 정도로 엄청난 양의 공부와 집필을 했다. 방바닥에 닿은 복사뼈에 세 번이나 구멍이 당연히 나야 할 정도로 그는 늘 돌부처처럼 앉아 공부에 힘쓴 인물이었다.

> "늘 돌부처처럼 앉아 저술에만 힘쓰다 보니 방바닥에 닿은 복사뼈에 세 번이나 구멍이 뚫렸다."

다산 선생은 경제학자이자, 교육학자, 지리학자, 과학자, 저술가로서 빛나는 업적을 남겼다. 그리고 그것이 가능했던 것은 그의 천재성이나 재능 때문이 아니라 그의 고슴도치 전략인 꾸준함 때문이었다. 다산 선생은 임계점 돌파의 위력을 제대로 보여 주는 인물이다.

임계점을 돌파하게 되면, 그 이후에는 발전과 성과가 산술적으로 이루어지는 것이 아니라 기하급수적으로 이루어진다. 그래서 임계점을 돌파한 위인들의 업적과 성과가 평범한 사람들이 산술적으로 열심히 했을 때는 도저히 나올 수 없는 성과와 업적이 되는 것이다.

에디슨도 그렇고, 레오나르도 다 빈치도 그렇고, 피카소도 그렇고, 모차르트도 그렇고, 모든 천재와 위대한 학자들이 그런 것이다.

복사뼈에 구멍이 세 번이나 날 정도로 무엇인가를 꾸준히 단 한 가지에만 매진할 수 있는 사람이라면 누구나 자신을 크게 도약시킬 수 있다. 임계점의 법칙에 적용되는 일이기 때문이다.

"돈은 주조된 자유다.
그래서 자유를 완전히 박탈당한 사람들에게
돈은 열 배나 더 소중한 것이다."

:: 도스토옙스키, '죽음의 집의 기록' ::

제 4 장

우리가 몰랐던 동서고금의 부의 문장들

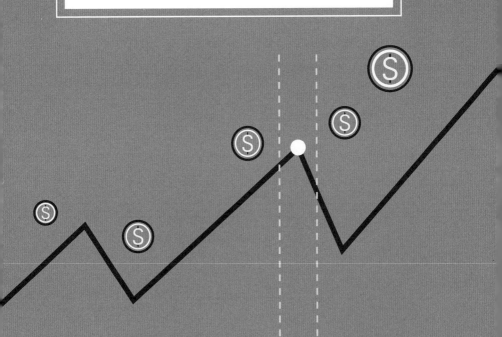

탈무드 : 가난한 자는 죽은 자와 다름없다

○ "세상에는 죽은 사람으로 간주되는 네 종류의 사람이 있다. 첫 번째는 가난한 사람이고, 두 번째는 나병 환자고 세 번째는 눈먼 사람이다. 그리고 마지막 네 번째는 자식이 없는 사람이다."

유대인들의 정신적 지주 역할을 해 온 책이며, 유대인이라고 하면 절대 빼놓고 이야기할 수 없는 단 한 권의 책이 있다, 바로 탈무드다. 탈무드는 유대인 율법학자의 구전과 해설을 집대성한 책으로, 오늘날에 이르기까지 유대인의 탁월한 정신문화의 토대가 되어 주는 책이다.

세계 상위 1%의 유대인 교육법의 원천도 바로 탈무드라고 할 수 있다. 탈무드에 관한 관심이 높아지는 이유는 유대인들의 성과와 업적 때문이다. 인류가 만든 많은 혁신과 발명, 새로운 문명 중에서 거의 반 이상이 유대인들이 만들거나 발명하거나 혁신한 것들이다.

수표, 무기명 채권, 환어음, 어음교환소, 은행, 청바지 등 수도 없이 많은 것들이 유대인의 손을 통해 발명되었다. 그뿐 아니라 역사적으로 이름을 남긴 유대인들은 너무나 많다.

유대인 출신 철학자와 심리학자, 음악가, 문학가, 언론인, 과학자 등을 꼽아보면 스피노자, 베르그송, 마르크스, 룩셈부르크, 비트겐슈타인, 스미스, 촘스키, 프로이트, 아들러, 뉴턴, 아인슈타인, 쇼팽, 멘델스존, 샤갈, 피사로, 스필버그, 카프카, 하이네, 로스차일드 등 수없이 많다.

우리가 잘 아는 위대한 기업, 언론사 중에서도 유대인들이 만든 것이 적지 않다. 퓰리처, 로이터, 뉴욕타임스, 워싱턴포스트 등 한마디로 유대인들은 지상 최강 성공 집단, 부의 집단이며, 지성 집단이다.

그뿐만 아니라 세계 인구의 0.2~0.3% 정도에 불과한 유대인들이 노벨상의 20~30%를 수상하고 있다. 이것은 정말 기적이라고 할 수밖에 없다. 이런 성과를 내게 한 요인은 여러 가지겠지만, 우리는 [탈무드]를 간과하고 이야기할 수 없다.

이러한 성공의 원동력은 분명 탈무드다. '탈무드'는 히브리어로 '연구', '배움'이라는 뜻이다.

놀라운 민족 유대인들에게 있는 더 놀라운 책인 [탈무드]에는 삶을 살아가는 데 꼭 필요한 중요한 조언들이 넘쳐난다. 하지만 그중에서도 돈에 관련한 가장 독특하고 놀라운 조언은 바로 이 문장이다. 단한 문장만을 뽑으라고 한다면 이 문장이다.

> "세상에는 죽은 사람으로 간주되는 네 종류의 사람이 있다. 첫 번째는 가난한 사람이고, 두 번째는 나병 환자고 세 번째는 눈먼 사람이다. 그리고 마지막 네 번째는 자식이 없는 사람이다."

인생이 무엇인지에 대해서는 이야기하지 않고, 이 세상에서 죽은 사람으로 간주해야 할 만큼 가치도 없고, 쓸모도 없고, 기능도 없는, 존재감 제로인 사람이 네 명이 있다고 탈무드는 말한다.

탈무드가 말하는 네 사람 중에 첫 번째 사람이 바로 돈이 없는 가난한 사람이다. 정말 큰 충격이지 않은가? 한국, 특히 조선의 의식과 견해와 전혀 다른 말이다. 최소한 조선에서는 '청빈'이라는 아름다운 말이 있다.

단순히 게으르거나 무능해서 가난한 것과는 달리, 청렴한 것이 가난의 원인이 될 때, 그 가난은 부끄러운 것이 아니라는 의미다. 또 다른 해석도 있다. 성품이 깨끗하고 재물에 대한 욕심 자체가 없어서 가난하게 사는 것을 의미하기도 한다. 우리 선조들은 가난을 그렇게 혐오하지 않았던 것 같다. 우리 속담에 이런 말도 있다. "사람 나고 돈 났지 돈 나고 사람 났나."

그렇다. 우리 선조들은 돈보다 사람을 우선시하는 의식이 강했다. 물론 돈보다 사람이 더 중요하고, 더 우선시해야 하는 것은 맞다. 하지만 유대인들은 돈이 없는 사람은 살아있는 사람으로 간주하지 않을 만큼, 돈을 아주 동등하게 혹은 더 중요하게 생각했다는 점을 우리는 또한 간과해서도 안 된다. 왜 유대인들은 돈이 없는 사람을 죽은 사람으로 간주했을까?

유대인 중에 세계적인 갑부가 많고, 미국의 부자 중에 유대인들이 특히 많은 이유가 바로 이것이 아닐까? 돈이 바로 축복이며, 생명이며, 인간답게 살아갈 수 있게 해 주는 유일무이한 도구라는 사실을 그들은 정확하게 알고 있었던 것이 아닐까?

이런 사실을 잘 알게 해 주는 말이 탈무드에 나온다.

"돈은 악이 아니며, 저주도 아니다. 돈은 사람을 축복하는 것이다."

유대인들의 정신세계가 담겨 있고 정신적 지주 역할을 하는 탈무드에는 돈은 사람을 축복하는 것이며, 나쁜 것이 아니라고 말한다.

죽은 사람은 아무것도 할 수 없다. 누군가에게 그 어떤 영향도 줄 수 없고, 누군가를 도와주거나 이끌 수도 없다. 한마디로 있으나 마나 한 존재가 된다. 돈이 없는 사람, 가난한 사람을 죽은 사람으로 간주하는 탈무드의 정신은 우리가 배워야 한다.

가난한 자는 죽은 자와 다름없다. 가난한 자로 사는 것은 아무 가치도 없다. 그 어떤 영향력도 발휘할 수도 없고, 경제적으로 노예와 같은 삶을 사는 것과 다를 바 없다.

철학자 중에 탈무드의 견해와 비슷한 의견을 피력한 사람이 있다. 바로 스피노자이다. 그는 이런 말을 했다.

"돈은 인생의 축소판이다."

돈이 인생의 축소판이라면, 돈이 없다면, 인생도 없다는 것이다. 결국, 돈이 없는 자는 삶이 없는 죽은 자와 같다는 말이다.

돈은 삶과 죽음의 근원은 아니지만, 돈이 없을 때는 그 근원조차도 흔들리게 할 만큼 위력이 강력해졌다. 자본주의 사회에서 살고 있기 때문이다. 돈은 기쁨과 슬픔의 근원이라고 할 수 있다. 돈이 없어서 큰 고통을 당하는 경우가 많기 때문이다. 돈이 많으므로 큰 즐거움과 기쁨을 누릴 수 있기 때문이다.

어떤 학자는 돈은 좋지도 나쁘지도 않다고 말하면서, 돈만큼 오해

받는 것도 없고, 돈은 절대 중립이라고 말한다. 그래서 돈은 아무 죄가 없다는 것이다. 돈에 대한 부정적 믿음과 생각들은 전적으로 돈에 대한 편견 때문이라고 한다.

필자는 이 말에 동의하지 않는다. 돈은 중립이 아니라, 축복이다. 돈은 아무 죄가 없는 것이 아니라, 복을 가지고 있다. 다만 돈의 소유주가 돈을 제대로 쓸 줄 모를 때, 복이 화가 되는 것이고, 기쁨이 슬픔이 되는 것이고, 즐거움이 고통이 되는 것이다.

탈무드는 여기서 한 단계 더 나간다. 돈이 없다는 것은 결국 인간에게 가장 중요한 생명이 없다는 것과 같다고 단언한다. 명심하자. 가난하다는 것은, 돈이 없다는 것은 생명이 없다는 것과 같고, 죽은 자와 다름없다는 탈무드의 교훈을 말이다.

유대인들의 돈에 대한 견해를 이끈 탈무드에는 돈과 부자에 관한 이야기가 적지 않게 나온다. 그런 많은 이야기를 종합해 보면 다음과 같다.

돈은 기회를 제공하는 것이며, 성스러운 것이다. 하지만 돈은 좋은 사람에게 좋은 것을, 나쁜 사람에게 나쁜 것을 제공한다. 그러므로 돈의 노예가 되어서는 안 된다고 조언한다. 인간을 자유롭게 해 주는 최고의 것은 경제적 독립이라고 말한다. 돈은 인간에게 자유만 주는 것이 아니라, 더러움도 씻어준다고 말한다.

> "돈, 돈, 돈, 우리는 돈 없이는 살 수 없다.
> 성서는 빛을 주고, 돈은 따스한 온기를 준다.
> 돈은 어떠한 더러움도 씻어주는 비누이다.
> 몸은 마음에 의지하고 마음은 지갑에 의지한다."

그렇다. 유대인에게는 돈은 모든 것을 움직이는 것이며, 돈만 있으면 무엇이든 가능하며, 돈은 곧 삶의 기초와 토대가 되는 것이다.

탈무드에 보면 부자 유대인에 관한 이야기가 나온다.

> 어느 부자 유대인의 이야기다. 그는 뉴욕에서 회사를 세워 성공을 거두었다. 덕분에 맨해튼의 호화로운 아파트와 부자만 모이는 교외의 남햄프턴에 수영장이 있는 별장을 가지고 누릴 수 있게 되었다. 유대인 부자는 이미 엄청난 재산을 축적했다. 평생 먹고 살아도 다 쓰지 못할 만큼 엄청난 재산이었다. 하지만 그런데도 유대인 부자는 아침 일찍부터 저녁 늦게까지 열심히 일하고, 일을 그만둘 생각이 전혀 없는 것 같았다.
> 이런 부자 유대인의 모습을 보고, 비꼬는 투로 그에게 다음과 같은 질문을 던졌다.

"돈이 그렇게 많은데 행복하신가요? 돈으로 행복을 살 수는 없지요?"

"돈으로 행복을 살 수는 없지만, 행복을 불러오는 데 많은 도움을 받습니다. 주말은 교외의 조용한 저택에서 보내고, 여름에는 유럽 여행을 가고, 추운 겨울에는 따뜻한 플로리다에서 보내기 위해서는 숙박비와 여비가 많이 든답니다. 그래서 인생을 어느 정도 즐기고, 행복한 삶을 누리기 위해서는 돈이 있어야 합니다. 그것도 조금 많이 있어야 합니다."

그렇다. 세상에는 돈이 전부가 아니라고 말하는 사람들이 많다. 하지만 돈이 인생의 전부가 아니라고 말하는 사람들은 돈을 벌지 못한다. 탈무드에 있던 돈에 대한 격언을 살펴보자.

- "지식이 너무 많은 사람은 늙지만, 돈을 많이 가진 사람은 젊어진다."
- "인생에 필요한 것은 의식주와 돈."
- "돈을 사랑하는 것만으로는 부자가 될 수 없다. 돈이 당신을 사랑하지 않으면 안 된다."
- "가난을 이길 수 있는 미모는 없다."
- "의학은 가난한 사람 말고는 다 고칠 수 있다."
- "가난뱅이는 사계절밖에 고생하지 않는다. 봄, 여름, 가을, 겨울."
- "돈은 어떤 문이라도 열 수 있는 황금 열쇠이다."

하지만, 탈무드는 또한 돈에 대해 가장 강력하게 조심해야 할 것은 돈에 집착하는 태도다. 돈에 집착하지 말고, 자신의 인생에 집중하라고 조언해 준다.

> "행복해지고 싶으면 자기답게 사는 인생에 정신을 집중하고, 돈이나 성공에 대해서는 잊어버리는 것이 중요하다. 돈에 집착하면 행복한 부자가 될 수 없다. 행복한 부자는 마음이 백지인 상태로 사는 사람이다. 모든 것을 있는 그대로 보고, 듣고, 느끼며 산다."
>
> - 솔로몬, [탈무드] 중

돈에 집착하면, 부의 임계점인 최소한의 10년을 우직하게 나아갈 수 없다. 하지만 집착하지 않고, 자기 일과 인생에 집중하는 사람은 임계점을 충분히 돌파할 수 있는 사람이다.

군주론 : 인간은 부모보다 재산을 더 소중히 여긴다

○ "또한, 군주는 특히 남의 재산을 억지로 빼앗아서는 안 된다. 인간이란 어버이의 죽음은 잊어도 재산의 손실은 어지간해서 잊지 못한다. 백성의 재산을 빼앗을 기회는 자주 있고, 구실이나 방법도 얼마든지 마련할 수 있지만, 피를 흘리는 일의 구실은 그리 쉽게 마련할 수 없다."

－ 마키아벨리, [군주론] 제17장 중

돈 없이는 살아갈 수 없는 세상이다. 하지만 돈은 그 이상이다. 부모님 없이 우리가 태어날 수는 없다. 하지만 부모님보다 재산을 더 소중히 여기는 경향이 강하다. 부정할 수 없다. 마키아벨리는 이런 현상을 제대로 파악한 최초의 사람이거나 두 번째 사람인 것 같다.

동양에 사마천이 있다면, 서양에는 마키아벨리가 있다. 이 두 사람 모두 세상과 인간의 원리와 이치를 통찰한 위인들이다. 이들의 입에서 나온 돈에 대한 명언을 우리는 잘 살펴봐야 한다. 그것이 가장 중요한 돈 공부일지도 모르기 때문이다.

마키아벨리는 군주가 갖춰야 할 덕목들과 자세를 이야기하면서, 충격적인 말을 한다. 인간이란 부모의 죽음은 쉽게 잊어도, 자신의 돈을 빼앗아간 사람이나 사건은 절대 잊지 못한다. 이것이 바로 인간이다. 돈이 얼마나 인간의 삶에 밀접하게 관련되어 있고, 영향을 주는지 우리는 이 사실을 가지고 알 수 있다.

마키아벨리에 대해서 잠깐 살펴보자.

마키아벨리는 1469년 5월 3일, 천재들의 도시 피렌체에서 4남매 중 셋째이자 장남으로 태어났다. 위로는 프리마베라와 마르게리타라는 이름의 누나가 둘 있었으며, 밑으로는 남동생 토토가 있었다. 그가 태어난 집안은 귀족은 아니었지만, 피렌체 정부의 요직을 맡을 정도로 위세를 떨치는 가문이었다. 하지만 그가 태어날 때 즈음에는 가세가 기운 상태였다. 그의 집은 점점 더 궁핍해지고, 가난해져 갔다.

그의 아버지 베르나르도는 공증인 자격증을 갖고 있었지만, 부채가 많았고, 세금조차도 내지 못하게 되었다. 밀린 세금을 내지 못한 것은 불어나는 빚을 감당하지 못했기 때문이다.

마키아벨리의 가문은 토스카나 지방의 귀족으로 시작했지만, 마키아벨리의 아버지는 궁핍한 생활을 했던 가난한 삼류 법률가였다. 메세르라는 법률가의 호칭으로 불린 것으로 보면, 법률과 관련된 자격증을 취득한 것은 분명해 보이지만, 실제로 변호사로 활동했다는 기록은 어디에도 남아 있지 않다.

베르나르도는 평생 가난했던 '스페키오(세금미납자)'였다. 이 오명은 '세금미납자의 명단에 오른 사람'이라는 뜻이다. 길드를 중심으로 한 상업 도시의 성격을 갖고 있던 피렌체에서는 세금을 내지 못하면 매우 큰 불이익을 당해야 했고, 치욕적인 부당한 대우를 받아야 했다. 한평생 궁핍한 생활에서 벗어나지 못했고, 공직에서 파면된 뒤 감옥에 갇혀 고문을 당하기도 했고, 세금 보고서에 '일정한 직업이 없다'라고 썼을 정도로 경제적으로 최악의 상황이었다. 실업자로 무려 15년 동안 빈둥거리는 백수의 삶을 산 아버지 밑에서 마키아벨리 역시 지독한 가난을 경험하며 성장했다고 해도 과언이 아니다.

마키아벨리의 아버지는 아들에게 좋은 교육을 해 주고 싶었다. 하지만 마키아벨리가 커갈수록 가세는 기울어졌고, 경제적으로는 더 최악의 상황이 되었다. 마키아벨리가 어렸을 때는 그나마 인문학 선생에게 기초는 배울 수 있을 정도였지만, 갈수록 가난에 찌든 삶기에 정규 대학 교육을 받지 못했던 것이라고 많은 이들이 추측한다.

실제로 마키아벨리가 대학 교육을 받았다면 당연히 그리스어를 읽을 수 있었을 것이다. 하지만 그는 그리스어를 읽지 못한다. 그가 정규 대학 교육을 받지 못했다는 것은 어쩌면 행운인지도 모른다. 왜냐하면, 독자적인 생각을 가질 수 있었기 때문이다.

마키아벨리가 피렌체의 귀족이나 지배적 직위를 갖고 있던 사람들과 달리 주류와 다른 생각을 하는 떨어져 있는 사람인 이방인과 같은 성격을 가지고 있는 것은 분명하다. 그가 정규 교육도 받지 못했기에 주류였던 귀족들이나 유력 가문의 권세가들은 그를 무시했고, 그 결과 그의 저작들이 아무런 주목도 받지 못했다는 것은 이런 상황을 잘 이해하면 조금도 이상한 것이 아니다. 마키아벨리가 정규 대학 교육도 받지 못했음에도 뛰어난 저작을 저술하고, 공직 생활에 진출해서 능력을 인정받고, 제2 서기국 서기장의 직분까지 맡을 수 있었던 것은 무엇 때문일까?

마키아벨리는 1498년, 스물아홉 살이 되던 해, 피렌체의 제2 서기관으로 임명된다. 굉장히 높은 자리다. 이상하지 않은가? 귀족의 연줄도 없고, 정규 대학 교육도 받지 못한 젊은이가 어떻게 이렇게 높고 귀한 자리에 오를 수 있었을까?

그를 연구하는 학자 사이에서도 아직까지 논란이 많은 부분이 이 부분이다. 어떻게 내세울 만한 학력 없이 피렌체의 제2 서기관으로 임명될 수 있었을까?

그것은 그가 가진 세상을 바라보는 통찰력에 있다고 생각한다. 마키아벨리는 [군주론]을 통해 우리에게 무엇을 이야기하려고 했을까? [군주론]이 세상에 나왔을 때 많은 이들은 오랫동안 오해를 하고 편견을 가지고 색안경을 끼고 군주론을 평가하기 시작했다.

최근에 와서야, [군주론]에 대한 오해가 많이 풀리면서, 마키아벨리를 다르게 평가하는 이들이 나타났다. 이런 이유에서 이 책은 인류 역사상 가장 위험하고 사악한 책이라는 평가를 받은 바 있다. 실제로 이 책이 출간된 시대에는 금서로 지정되기도 했다. 심지어 마키아벨리가 '악인'으로 규정되기도 했다. 하지만 이 책은 지금 정치사상의 고전 중의 고전이 되었다.

엄청난 반전의 역사를 쓰고 있는 이 책은 다양한 관점에서 충분히 해석이 가능한 책이다. 특히 정치 영역이 종교나 윤리 영역으로부터 철저하게 분리되어야 하고, 자유로워야 한다는 견해를 도출해 낼 수 있게 만들기 때문에 이 책이 고전으로 군림할 수 있는 것이다.

이 책을 통해 마키아벨리가 주장하는 인간의 모습 중에서도 지도자가 되는 군주는 과연 어떻게 권력을 획득하고, 유지해야 할까? 군주가 자신의 자리를 지키고 유지하기 위해, 군주의 마음가짐과 행동 지침은 어떠해야 하는지에 대해 그의 주장을 잠깐 살펴보자.

[군주론]에서 가장 유명한 문장인 먼저 그는 군주는 야수인 여우와 사자를 모범으로 삼아야 한다고 주장한다.

"군주는 여우와 사자를 모범으로 삼아야 한다. 함정을 알아차리기 위해서는 여우가 될 필요가 있으며, 늑대를 물리치려면 사자가 될 필요가 있다. 여우를 가장 잘 모방하는 자들이 가장 커다란 성공을 거두었다. 하지만 여우다운 기질을 들키지는 않아야 한다. 군주는 능숙한 사기꾼이자 위선자여야 한다. 인간은 너무나 순진하여 순간적인 요구에 너무나 쉽게 움직인다. 그래서 능숙한 위선자는 쉽게 속는 수많은 사람을 언제나 발견하게 된다."

- 마키아벨리, 『군주론』 제18장 중

사자만을 모범으로 삼게 되면, 사자는 함정에 쉽게 빠지게 된다. 그리고 여우만을 모범으로 삼게 되면, 늑대를 물리칠 수 없기 때문이다. 그러므로 사자와 여우를 모두 모범으로 삼아야 한다고 마키아벨리는 생각했던 것 같다.

이제 우리가 정말 관심이 있는 인간의 속성에 대해 마키아벨리는 아주 극단적인 통찰력을 보여 주었다. 심히 민망할 정도다. 그가 주장하는 인간의 속성은 부모님의 죽음보다도 자신의 재산의 손해를 더 잊지 못하는 그런 속물근성을 가지고 있을 뿐만 아니라 인간은 대개 은혜를 모르고, 변덕이 심하고, 거짓말쟁이이자 사기꾼이고, 위험을 두려워하고, 물욕이 넘친다고 말한다.

마키아벨리가 바라보는 인간의 특성이 바로 이런 이유에서 그는 군주에게 특히 조심해야 할 것 중에 하나로 남의 재산을 억지로 빼앗는 것이다. 인간은 자신의 재산이 빼앗기는 것을 가장 잊지 못하는 존재이기 때문이라고 그는 말한다.

[군주론]에는 또 이런 대목이 있다.

"결론적으로 운명은 가변적이다. 운명은 수시로 변한다. 반면 인간은 같은 생활 태도를 고집한다. 운명의 방향과 사람의 생활 태도가 맞으면 행복해지지만, 이 조화가 깨지면 불행이 쏟아진다. 나는 신중하기보다 과감한 것이 좋다고 생각한다. 운명의 신은 여신이다. 그러기 때문에 그녀를 정복하려면 난폭하게 다루어야 한다. 운명은 유순한 사람보다 난폭한 사람에게 더 고분고분한 듯하다. 운명의 여신은 또 젊은이들을 사랑한다. 젊은이들은 덜 신중하고, 더 거칠고, 그리고 과감하다."

- 마키아벨리, [군주론] 제25장 중

마지막으로 마키아벨리는 우리에게 말한다. 운명은 가변적이기 때문에, 적극적인 삶의 자세로, 운명을 바꾸고자 하는 과감함이 중요하다고 말한다. 부의 임계점을 돌파하는 이들도 이와 다르지 않다. 과감하게 자신은 반드시 부자가 되겠다고 결단하고 적극적인 삶의 자세를 유지하면서, 하루하루 대범하게 전진해 나가는 사람이 부의 임계점을 돌파하는 사람이다.

성경 : 부자의 재물은 견고한 성이다

○ "부자의 재물은 그의 견고한 성이요 가난한 자의 궁핍은 그의 멸망이
니라." - 잠언

부자에 대한 편견을 가장 많이 부추긴 책이 성경일지도 모른다. 많
은 이들에게 가장 유명한 부자에 관한 이야기가 바로 성경에 나오기
때문이다.

"낙타가 바늘귀로 들어가는 것이 부자가 하나님의 나라에 들어가기보다 더
쉬우니라."

이 말씀은 이런 연유에서 나온 말이다. 이 말을 듣고 많은 분이 부
자에 대해서 오해를 하거나 편견을 가질 수 있다.

부자 청년이 예수께 와서, 자신은 모든 계명을 잘 지켰기 때문에 구
원을 받기 위해 더 무엇이 부족한지에 대해 질문을 했다. 그때 예수께
서 대답하셨다.

부의 임계점

"네가 온전하고자 할진대 가서 네 소유를 팔아 가난한 자들에게 주라. 그리하면 하늘에서 보화가 네게 있으리라. 그리고 와서 나를 좇으라."

부자 청년은 재물이 많으므로, 이 말씀을 듣고 근심하며 되돌아갔다. 하지만 이야기는 끝까지 들어봐야 한다.

부자만 어려운 것이 아니라 구원 자체가 사람으로는 도저히 이룰 수 없지만, 하나님으로서는 다 할 수 있는 것이라고 말씀하신다.

성경에 보면, 부에 대해서 편견을 갖지 않고 통합적으로 이야기하는 대목이 적지 않게 나온다.

"부자의 재물은 그의 견고한 성이요, 가난한 자의 궁핍은 그의 멸망이니라."

잠언에 보면 이런 말씀도 있다.

"겸손과 여호와를 경외함의 보상은 재물과 영광과 생명이니라."
"부자는 가난한 자를 주관하고, 빚진 자는 채주의 종이 되느니라."

그렇다. 성경 말씀에도 부자가 되는 것은 하나님께 축복을 받은 자이며, 가난한 인생보다는 부자의 인생이 훨씬 더 좋다고 말하고 있다.

부자에게 재물은 견고하고 튼튼한 성이 되어 준다고 성경은 말했다. 그러므로 부자가 되는 것은 나쁜 것이 아니다. 우리는 지금까지 잘못 알고 있었다. 다만 성경 말씀에는 "가난한 자를 조롱하거나, 업신여기지 말라"고 경고한다. 그것은 이 모든 것을 창조하신 하나님을 멸시하는 것과 다를 바 없다고 말한다.

많은 사람이 오해하는 말씀 중의 하나가 바로 이것이다.

"가산이 적어도 여호와를 경외하는 것이 크게 부하고 번뇌하는 것보다 나으니라."

하지만 이런 해석도 아주 많이 틀린 것은 아니다. 가산이 적어도 여호와를 경외하는 사람이 크게 부하면서 번뇌가 많은 사람보다 낫지만, 여호와를 경외하면서 가난한 사람보다 여호와를 경외하면서 크게 부한 사람이 훨씬 낫다는 사실도 전혀 틀린 말은 아니다.

왜냐하면, 성경 말씀에 보면 "의인의 집에는 많은 보물이 있어도, 악인의 소득은 고통이 되느니라"라는 말씀이 있고, "악한 자의 집은 망하겠고, 정직한 자의 장막은 흥하리라"라는 말도 있기 때문이다.

명심하자.

"젊은 사자는 궁핍하여 주릴지라도 여호와를 찾는 자는 모든 좋은 것에 부족함이 없으리로다."

우리가 알고 있는 구약 시대의 많은 성경 속의 인물들, 아브라함, 이삭, 야곱, 요셉, 룻, 멜기세덱은 모두 백만장자였다는 점을 알아야 한다.

힘이 좋고 빠르고 강한 젊은 사자는 가난할지라도, 여호와를 찾는 자는 부와 성공, 명예와 장수, 부귀영화와 같은 좋은 것들을 모두 다 부족함이 없도록 차고 넘치게 받을 수 있고, 획득할 수 있고, 누릴 수 있음을 명심해야 한다.

성서 속에 믿음의 거장들은 대부분 백만장자였다는 사실을 잊어서는 안 될 것이다.

사기 : 가난하면 부자의 노예를 자청한다

○ "무릇 보통사람들은 자기보다 열 배 부자에 대해서는 헐뜯고, 백 배가 되면 두려워하고, 천 배가 되면 그 사람의 일을 해 주고, 만 배가 되면 그의 노예가 된다. 이것이 사물의 이치다."

- 사마천, [사기] '화식열전' 중

인간학의 교과서라고 불리는 동양의 고전이 있다. 바로 사마천이 일생의 저작으로 쓴 [사기]라는 책이다. 이 책을 꼭 읽어봐야 하고 연구하고 공부해야 할 필독서다. 이 책을 많이 읽고 사색한 사람의 인생은 다르기 때문이다.

사마천은 사람의 인생과 죽음에 대해서도 남다른 탁월한 견해를 남겼다. [사기]라는 책을 통틀어 가장 강력한 문장 중의 하나는 무엇일까? 바로 이것이다.

"사람은 누구나 한번 죽는다.
어떤 죽음은 태산보다 무겁고,

어떤 죽음은 새털보다 가볍다.

죽음을 사용하는 방향이 다르기 때문이다."

이 말처럼 사마천은 먼저 자신의 삶을 태산보다 무거운 삶으로 선택하고 그 길을 걸어갔다. 그는 사실 인생에 큰 고난과 시련이 있었다. 하마터면 [사기]라는 책을 저술하지 못하고 생명을 마감해서 새털보다 가벼운 죽음을 경험해야 했을지도 모른다. 하지만 그는 인내하고 참아내고 이겨내었다.

'사명을 위해, 치욕을 견디어 낸 사나이'라고 할 수 있는 사마천은 남자로서 가장 수치스러운 궁형을 당하고도, 자신의 사명을 다했고, 아버지의 유언을 받들어 지켰다. 그래서 평생 [사기]라는 대작을 쓰는 일에 모든 것을 걸었다.

사마천의 인생을 바꾸어 놓는 일은 바로 이릉 장군의 투항 사건 때 발생했다.

사마천이 살던 시기에 이광이라는 유명한 명장이 있었고, 이릉은 그의 손자다. 이릉은 부대 후방 보급을 담당하는 장군으로 만족할 수 없었다. 그래서 한 무제에게 후방의 보급부대의 장군직을 사양하겠다고 말하고, 직접 출정하겠다고 강력하게 요청했다.

결국, 이릉은 출정하게 되었고, 일당백의 군사 5,000명만 데리고 흉노의 심장부까지 전진하여, 며칠간이나 수만의 흉노군과 용맹하게 싸웠다. 그 덕분에 거의 다 이겨가고 있었지만, 부하 한 명이 직속 상관에게 수모를 당한 것에 앙심을 품고 흉노 진영에 이릉 부대의 형편과 군사 비밀을 폭로하는 상황에 직면하였다. 그렇게 되자, 전세는 갑자기 역전되어, 결국 이릉은 투항할 수밖에 없게 되었다.

이것이 바로 이릉 투항 사건이다.

이릉의 투항에 대해 한 무제는 수치심과 분노를 떨치지 못하고 있었고, 분노는 최고조에 이르렀다. 하필 한 무제의 분노가 극에 달했던 바로 이때, 운명의 장난처럼 사마천은 이릉을 당당하게 변호하고 나섰다. 분노가 극에 달한 한 무제에게, 이릉을 변호하는 듯한 발언을 하는 사마천이 예쁘게 보일 리는 없었을 것이다. 결국, 이릉을 향한 분노는 사마천에게 가서 폭발했다.

그 변론으로 사마천은 일생에 지울 수 없는 일을 겪게 되었다. 바로 '사형'이라는 엄청난 형벌이었다. 하루아침에 사마천은 역적이 되어, 사형수가 되어 버린 것이다.

불행 중 다행으로 이 시대에 사형수들에게는 옵션이 있었다. 즉 세 가지 선택안 중 하나를 선택할 수 있었다. 첫째는 말 그대로 '법에 따라 사형을 당하는 것'이다. 두 번째는 현재 시세로 대략 20억 원 이상

되는 거금인 '50만 전을 내는 것'이다. 세 번째가 바로 '남자의 성기를 거세하는 궁형'을 받는 것이다.

평범한 사관에 불과했던 사마천이 거금을 구할 길은 없었다. 그렇다고 순순히 사형을 당할 수도 없었다. 아버지의 유언이기도 한 역사서 편찬을 마무리 짓지 못했기 때문이다.

하지만 궁형을 자청한다는 것은 죽음보다 더한 수치를 안고 평생 살아가야 한다는 것을 의미한다. 천하의 조롱거리가 되어야 하고, 죽음이 두려워 수치스러운 선택을 했다는 손가락질도 평생 받아야 한다. 사마천은 죽음보다 더한 수치와 고통인 궁형을 선택했다. 궁형을 당한 사마천의 심정은 어떠했을까?

당신이라면 어떻게 했을 것인가?

사마천이 궁형당한 후 친구인 임안에게 보낸 편지인 [보임안서]에 그 고통과 관련된 이런 기록이 있다.

> "내 간장은 아침저녁으로 아홉 구비로 꼬입니다. 집에 있으면 정신이 멍합니다. 밖에 나가면 어디로 가야 할지 막막합니다. 제가 당한 자궁의 수치를 생각할 때마다 등에 식은땀이 흥건하게 흘러내려 옷을 적시곤 합니다."
>
> - 왕리췬, [사기강의] 중

궁형을 당한 후 사마천은 그 고통의 두께와 깊이만큼 전혀 다른 사람으로 변모되었다. 정확하게 말하면 죽었다가 다시 태어난 것과 다를 바 없는 것이다.

그만큼 그는 세상을 이제 다른 시각으로, 다르게 인식하고 바라보게 되었고, 가장 밑바닥 시선으로 역사를 기록하고 평가할 수 있게 되었다.
궁형을 통해 죽었다가 다시 태어난 사마천은 역사에 길이 남을 대작을 탄생시킬 수 있는 위대한 영혼으로 도약했다.

필자가 좋아하는 동양 고전 중 하나가 맹자다. [맹자]에 보면 다음과 같은 주옥같은 삶의 명언이 나온다.

"하늘이 장차 어떤 사람에게 큰일을 맡기려고 할 때는 반드시 먼저 그의 마음을 괴롭게 하고 뜻을 흔들어 고통스럽게 하고, 그 몸을 지치게 하며 육신을 굶주리게 한다. 또한, 생활을 곤궁하게 하여, 하는 일마다 뜻대로 되지 않게 한다. 그러한 이유는 이로써 그 마음의 참을성을 담금질하여 비로소 하늘의 사명을 능히 감당할 만하도록 역량을 키워서 전에는 이룰 수 없던 바를 이룰 수 있도록 하기 위함이니라."

이 말은 진리다. 사람이 큰일을 할 수 있는 사람이 되기 위해서는 심신이 강건해야 한다. 그래서 심신의 임계점을 돌파해서 어떤 시련과 역경에도 꿋꿋이 이겨나갈 수 있는 사람으로 성장하는 것이 먼저다. 부자가 되기 위해서도 먼저 부의 임계점을 돌파해야 하는 것처럼 말이다.

세상일이란 모두 이와 같다. 먼저 임계점을 돌파하면서 자신의 실력과 역량을 키운 후에 성공과 성과가 따라오는 것이다. 세상에서 위대한 일을 성취한 사람들은 모두 임계점 돌파와 같은 시련과 역경을 이겨내고 나서 위대한 성공을 거두었다. 이러한 사실을 사마천도 잘 알고 있었던 것 같다.

> "옛날 서백은 유리에 갇혀 있으므로 [주역]을 풀이했고, 공자는 진나라와 채나라에서 고난을 겪었기 때문에 [춘추]를 지었으며, 굴원은 쫓겨나는 신세가 되어 [이소]를 지었고, 좌구명은 눈이 멀어 [국어]를 남겼다.
>
> 손자는 다리를 잘림으로써 [병법]을 논했고, 한비는 진나라에 갇혀 [세난]과 [고분] 두 편을 남겼다. [시] 300편은 대체로 현인과 성인이 발분하여 지은 것이다. 이런 사람들은 모두 마음속에 울분이 맺혀 있는데 그것을 발산시킬 수 없기 때문에 지난 일을 서술하여 앞으로 다가올 일을 생각한 것이다."
>
> - 사마천, [사기 열전 2] 중

자기 마음대로 되지 않고, 세상의 모든 상황이 자신을 배척하고 억압하고 고난을 주고, 자신은 밑바닥에서 허덕일 때 비로소 임계점을 돌파할 수 있는 최고의 환경이 만들어지는 것이다.

궁형을 통해 큰 고통과 시련을 겪은 사마천은 그 이전보다 한 단계 더 깊어지고 높아진 통찰력과 사고력으로 인간의 속성과 심리를 누구보다 잘 파악해 나갔고, 기록해 나갔다.

사마천의 [사기]의 매력은 바로 이런 것이다. 다양한 인간학의 보고라는 점이다. 특히 인간이 돈에 대해 가지고 있는 숨겨진 본능과 속성을 잘 말해주는 책이라는 점에서 더 놀랍다.

이 책은 다양한 인간 군상들과 세상과 돈의 이치와 원리를 보여 줌으로써 우리에게 어떻게 살아가야 할 것인가에 대한 해답을 제시해 준다.

그뿐만 아니라 '화식열전'을 통해서 자본주의 사회에서 우리가 어떻게 살아가야 하며, 어떻게 돈을 벌어야 하는지, 부자의 삶이란 어떤 것인지에 대해서도 많은 것을 배울 수 있다는 점에서 이 책의 위대함을 조금이나마 엿볼 수 있다.

속담에 "천금을 가진 부잣집 아들은 저잣거리에서 죽지 않는다"라는 말이 있다. 이 말 역시 이 책에 나오기도 한다. 그런데 정말 빈말이 아니다. 부를 가진 자는 힘을 가진 자다. 그리고 그 힘은 저잣거리에서 자식이 죽어가는 데도 어쩔 수 없는 무기력한 부모와는 상반되는 개념이다.

특히 이 부분은 사마천 자신의 삶에 잊을 수 없는 치욕을 모면할 기회가 될 수 있는 부자에 관한 이야기이기 때문에, 더욱더 진정성이 느껴지는 대목이었다.

사마천이 부잣집 아들이었거나 부자였다면, 궁형을 모면할 수 있었을 것이다. 하지만 거금이 없었기에 죽음보다 더한 고통과 치욕을 온몸으로, 평생 감내해야만 했다.

돈이 없어서 평생의 한이 맺혀야 했던 사마천은 자신의 울분을 [사기]를 통해 세상에 분출했다. 그리고 이 세상의 모든 사물의 이치를 돈과 결부시켜 다음과 같이 기록하기도 했다.

사마천의 [사기] '화식열전'에 나오는 말이다.

> "무릇 보통사람들은 자기보다 열 배 부자에 대해서는 헐뜯고, 백 배가 되면 두려워하고, 천 배가 되면 그 사람의 일을 해 주고, 만 배가 되면 그의 노예가 된다. 이것이 사물의 이치다."
>
> - 사마천, [사기] '화식열전' 중

인간은 정말 우스꽝스러운 존재라고 생각할 수도 있다. 부자도 그냥 부자가 아니라, 자기 자신보다 얼마나 많은 돈을 가지고 있느냐에 따라 대접하는 것, 대우하는 것, 태도와 행동, 생각까지 달라지니까 말이다.

돈의 노예로 사는 사람도 많다지만 돈을 가진 자의 노예로 사는 사람도 많다. 사마천은 이런 사실을 잘 알고 있었던 것 같다.

당신이 리더라면, 인간의 속성과 세상의 이치를 잘 이해하고 다스리고 이끈다면, 큰 문제가 없을 것이다. 사마천은 세상의 온갖 인간 군상들을 연구하고 공부하여 [사기]라는 고전을 탄생시켰다.

세상과 돈, 인간과 돈의 원리와 관계에 대해서 사마천만큼 잘 파악하고 이야기해 주는 사람은 일찍이 없었던 것 같다.

도스토옙스키 : 돈은 주조된 자유다

○ "돈은 주조된 자유다. 그래서 자유를 완전히 박탈당한 사람들에게 돈
은 열 배나 더 소중한 것이다."

- 도스토옙스키, [죽음의 집의 기록] 중

세상에 나온 소설 중에 가장 충격적인 패륜 소설, 근친 살해 소설
중의 하나는 바로 러시아의 대문호 도스토옙스키가 쓴 [카라마조프
가의 형제들Bratya Karamazovy]이다.

도스토옙스키가 쓴 이 책은 누구나 다 잘 알듯이, 그의 대표작이자
최후의 작품이다. 그리고 한마디로 인간의 내면을 가족 이야기를 토
대로 성찰한 책이다. 그것도 인과응보 즉, 죄를 짓는 불완전한 인간과
그로 인해 발생하는 인간을 둘러싼 여러 가지 환경 중에서도 가족을
중심으로 엮어나간 인간의 추악한 내면과 남자들의 사랑과 욕망 때
문에 빚어지는 혈투의 세계를 적나라하게 관찰하고 인간의 내면을
성찰한 작품이라고 할 수 있다.

이 책의 주제는 한마디로 욕망이다. 그것도 사랑에 대한 욕망, 돈에 대한 욕망이다. 돈을 잘 쓰면 좋은 것이지만, 돈을 잘 못 쓰면 나쁜 것이라고 앞서 탈무드의 이야기를 통해 언급한 바 있다. 이 책은 바로 돈을 잘 못 쓰면, 돈에 집착하면, 돈이 화가 된다는 사실을 잘 말해준다.

이러한 인간의 추악한 모습들을 통해서 우리가 살펴볼 수 있는 것들은 돈과 인간, 사랑과 인간, 욕망과 죄, 죄와 벌, 인간과 신, 인간과 가족 등에 대한 것일 것이다.

100여 년 전에 쓰인 이 작품이 현대 사회의 비정한 모습을 가장 잘 드러내 주고 있는 소설이라면 믿을 수 있을까? 믿기 힘들겠지만, 이 소설은 현대 사회의 모습을 그대로 담고 있다. 그것도 가장 추악한 인간의 내면을 담고 있다.

현대 사회의 비정함과 비인간적인 모습을 한마디로 말한다면 패륜이다. 그것도 근친 살해인 것이다. 그런데 이런 근친 살해, 패륜 소설이 100년도 더 이전에 써졌다는 사실이다.

더 놀라운 사실은 이것뿐만이 아니다. 이런 패륜 소설이 위대한 소설로 평가받고 있다는 사실이다.

[꿈의 해석]의 작가이자 정신분석학의 창시자였던 프로이트는 이 소설을 엄청나게 극찬했다.

"지금까지 쓰인 가장 위대한 소설이다."

또한, 영국의 시사 주간지 '옵저버'는 인류 역사상 가장 위대한 책 100권을 선정하면서, 이 책도 포함했다.

이 책에 대한 개인적인 평가를 말해 보라면 나는 서슴없이 이렇게 말할 것이다.

"100년이나 더 옛날 책이지만 현대인들의 패륜적인 범죄. 돈에 대한 탐욕, 이성에 대한 탐욕이 가장 잘 드러나 있는 놀라운 책."

그러므로 이 책은 현대 자본주의 사회의 거센 물결 속에서 아등바등 살아가고 있는 사람들이라면 모두 읽어야만 한다.

이 책을 읽어보면 돈에 대한 탐욕이 돈을 화로 만들고, 돈을 저주로 만든다는 것을 잘 알 수 있다. 돈에 대한 욕망을 가지면, 그것은 그 순간 우리 모두 유죄가 되는 것이다. 그것도 타인에 대해서 말이다. 그래서 그는 이런 말을 했다.

"만인은 만인에 대해 유죄."

이 말은 [카라마조프가의 형제들]에서 한 가지 중요한 사상이자, 토대를 이루는 말이다.

이를 다른 말로 하면, "모든 사람은 모든 사람 앞에서 모든 일에 있어서 죄를 짓고 있다"라는 말로 구체화할 수 있다.

이런 상황과 결과가 만들어지는 이유는 단연코 돈과 사랑에 대한 지나친 집착과 욕망 때문이다.

세상은 부조리와 부당함이 넘치는 곳이다. 하지만, 이런 세상에서 절대 분노하거나 좌절하지 말고, 심지어 이러한 삶에 매몰당하지 말고 살라고 이 책은 말해 준다.

그래야 하는 이유는 부당함과 부조리를 뛰어넘고, 초월하여 세상을 아름답게 살아가게 해 주는 단 한 가지 사실이 존재하기 때문이라고 저자는 말한다.

그것은 '이 세상은 아름다운 곳이라는 사실'에 대한 각성이며, 그 아름다움은 이 세상을 구원하기에 충분하다는 것이다. 이것이 가능할 수 있는 것은 돈에 대한 집착이 아닌, 돈을 제대로 쓸 수 있는 돈의 주인이 되어야 한다.

돈을 잘 쓸 수 있는 사람, 돈에 집착하지 않고, 돈을 축복으로 만들 수 있는 사람에게는 '이 세상은 충분히 아름다운 곳이며, 그 아름다움이 부조리하고 부당한 이 참혹한 세상을 구원하고도 남는다는 사실'을 이 책은 일깨워 주는 것이다.

우리가 한 가지 알아야 할 사실은 도스토옙스키는 평생 가난하게 살았다는 사실이다. 평생 가난이라는 무거운 짐을 지고 살았던 그에게 돈에 대한 집착은 어쩌면 왜곡될 수도 있었다는 점이다.

부자가 바라보는 돈과 가난에 찌들어서 평생 가난하게 살았던 사람이 바라보고 경험하는 돈은 수준과 차원이 다르며, 색깔과 느낌도 다르고, 평가와 규정도 다를 수 있다.

도스토옙스키의 마음속에 자리 잡고 있던 하나의 관념은 돈이었다. 그가 돈에 대해 다음과 같은 말을 할 정도로 그의 삶과 집필은 돈과 관련된 것이다.

> "돈은 주조된 자유다. 그래서 자유를 완전히 박탈당한 사람들에게 돈은 열 배나 더 소중한 것이다."
>
> - 도스토옙스키, [죽음의 집의 기록] 중

다양한 극적인 체험을 하고, 여러 가지 상황 때문에 평생 빚 속에서 허덕이며 살았던 인물이기도 한 그는 이렇게 남다른 삶을 통해서 현대 자본주의의 모습과 인간의 복잡한 심리를 내다볼 수 있었다.

그의 소설에는 특징이 하나 있다. 분량과 내용이 모두 매우 두껍고 길고 장황하다는 것이다.

그는 왜 내용이 이렇게 길고 장황한 소설을 썼을까? 그의 소설이 갖춘 이런 특징의 가장 큰 이유는 그가 빚을 갚기 위해 원고료를 한 푼이라도 더 많이 받아야 했다는 절박한 현실 상황에서 크게 벗어나지 않을 것이다. 다시 말해 그는 한 푼이라도 더 많이 받기 위해 원고를 길게 쓰고 또 장황하게 썼다. 그 당시의 원고료는 장당 지급되었기 때문에 이러한 추론이 가능하다.

그에게 책은 돈을 벌기 위한 하나의 수단에 불과했다고 해도 과언이 아닐 것이다. 그에게 책 쓰기는 집필이라기보다는 하나의 노동에 가까웠을 것이다. 그는 돈을 벌기 위해서 쓰기 싫은 날에도, 비가 오나 눈이 오는 날에도, 기쁠 때나 슬플 때도 글을 쓰고 또 썼던 작가인 것이다.

그는 러시아에서건, 유럽에서건, 아침이건 저녁이건 한밤중이건 글을 썼다. 그래서 그는 전천후 작가가 됐다. 우리는 그를 제대로 이해해야 한다.

그는 생존을 위해 써야만 했던 작가였다. 감옥에서 여생을 보내지 않기 위해서 책을 썼고, 빚을 갚기 위해 책을 썼고, 자식들에게 옷을 사 주기 위해 책을 썼다.

그는 돈을 벌기 위해, 즉 주조된 자유를 벌기 위해 자신의 자유를 세상에 내던진 인물이기도 하다. 돈이 많았다면, 그가 큰 부자였다면, 그의 삶과 책의 내용은 전혀 다른 모습이 될 수도 있었을 것이다.

명심하자.

돈은 주조된 자유이기에, 시간이 없는 사람에게는 돈이 더욱더 소중하다. 돈이 없는 사람은 돈만 없는 것이 아니라, 더 소중한 자유도 누릴 시간적 여유도 없기 때문이다.

"부를 숭배하는 이 시대에 부자는 인생을 즐기고,
빈자는 주어진 인생을 견뎌내야만 한다.
부자는 돈이 없어 고생하는 삶을 이해하지 못한 채 느긋하고
편안하게 생활하는 반면, 빈자는 돈 때문에 인생이 고달프고
피폐해져 절대로 가난에서 벗어날 수 없다고 삶을 포기하기도 한다.
부자와 빈자 사이에 존재하는 엄청난 차이에 대해,
빈자들은 스스로 재운이 없는 탓이라고 말한다.
그러나 가난과 부의 수수께끼를 푸는 열쇠는 스스로 재운을 키우고
행운의 여신이 찾아올 수 있는 비결을 아느냐 모르느냐에 달려 있다."

:: 장옥빈, '재기' ::

제 5 장

가장 빨리
부자 되는 법

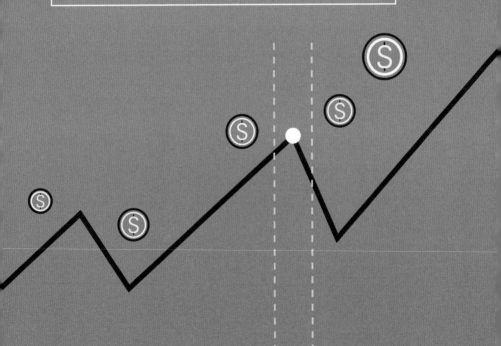

명심하라, 세상은 정확하다

○ 세상은 너무나 정확하다. 당신이 아무리 세상을 속이려고 해도 절대 세상은 속지 않는다. 이것이 의미하는 것은 바로 당신의 가치만큼 세상은 당신에게 부를 제공한다는 사실이다. 즉, 정확히 당신의 가치만큼 당신은 돈을 벌 수 있다.

돈에 대한 거짓, 과장, 왜곡, 더 많은 부를 얻지 못하게 막는 모든 부정적 요소를 낱낱이 반박하고, 더 많이, 더 빨리, 더 똑똑하게 부를 만드는 공식을 알려주는 부의 로드맵을 제시하는 롭 무어의 말에 따르면, 당신은 정확히 당신의 가치만큼 돈을 벌 수 있다.

세상에는 많은 돈이 있다. 사실 세상에 돈은 차고 넘친다. 하지만 문제는 당신이 정당하게 그 돈 중 "어느 정도의 몫을 차지할 가치가 있는 사람이냐?" 하는 것이다. 세상은 너무나 정확하므로, 당신의 가치만큼 부를 제공한다.

그렇다면 당신은 어떻게 그 가치를 만들 것인가? 어떻게 해서 가치 있는 사람이 될 것인가?

가장 쉬운 방법은 사실 수많은 사람에게 도움이 되는 뭔가를 발명하는 것이다. 휴대폰을 만들어 수많은 사람이 편리하게 소통하고, 편리를 추구하고 누리게 하면 그 가치만큼 당신은 돈을 벌 수 있다.

하지만 대부분 사람은 발명가가 되거나 천재가 될 수는 없다. 지능적인 한계도 있고, 사실 천재라고 해도 어떤 발명품을 만들기 위해서는, 어마어마한 시간과 노력의 임계점을 돌파해야 한다.

그렇다. 결국, 당신의 가치를 높이는 가장 확실하고, 쉬운 방법이 임계점을 돌파하는 것이다. 주식이나 부동산으로 돈을 쉽게 번 사람이라고 할지라도 마찬가지라는 사실을 간과해서는 안 된다.

주식이나 부동산으로 부자가 되었다고 하는 사람들도 따지고 보면, 임계점을 돌파하기 이전에 오랜 시간 동안 실패하고 손해 본 경험이 있거나, 오랫동안 연구하고 공부하여, 수많은 시행착오를 거치는 그런 과정이 반드시 있었다는 사실을 망각해서는 안 된다.

그런 사람들이 예의상 운이 좋았다거나 우연히 그렇게 되었다고 하는 말에 속아서는 안 된다.

롭 무어의 새로운 부의 법칙에 관한 책인 [머니]라는 책을 보면, 부의 임계점에 어긋나는 이야기처럼 보이는 사례와 주장이 많이 나온다. 하지만 자세히 따져보면, 결국 이들 모두 부의 임계점을 돌파했기 때문에 부를 이뤘고 할 수 있다.

[머니]라는 책에 보면, 투자의 천재 조지 소로스는 1992년 9월 16일 단 하루 동안 1조 원을 벌었고, 2011년 한 해의 소득이 마크 저커버그는 11조 원으로 추산된다고 말했다. 하지만 이 두 사람 모두 따져보면, 부의 임계점을 돌파하기 위해 보통 사람들보다 훨씬 더 강력한 시간과 노력과 에너지를 투자해서 비로소 임계점을 돌파하자, 엄청난 부를 축적할 수 있었다는 사실을 망각해서는 안 된다.

세계 최고의 골프 선수 타이거 우즈도, 박세리 선수도, 세계 최고의 축구 선수 손흥민 선수도, 박지성 선수도 모두 자신만의 분야에서 임계점을 돌파했다. 임계점을 돌파하는 순간 자신의 가치가 세계 최고가 될 수 있었고, 세계 최고가 되자, 세상은 정확히 그 가치만큼 부와 명예를 제공해 주는 것이다.

세상은 다양한 형태로 당신에게 당신의 가치만큼 돈을 벌게 해 주고, 부를 제공해 준다. 그것이 사업의 형태든, 책의 형태든, 방송의 형태든, 오디션의 형태든, 스포츠의 형태든, 학문의 형태든, 정치의 형태든, 인간관계의 형태든 상관하지 않는다. 중요한 것은 당신이 그것을 받을 만한 가치 있는 사람으로 성장하고 있느냐 하는 것이다.

부의 임계점을 절대 무시해서는 안 되는 이유가 바로 이것이다. 세상은 정확히 당신이 얼마나 부의 임계점에 근접하고 있고, 어느 정도로 돌파했느냐를 평가하고 있다. 평가라는 말이 거슬린다면, 언제나 관찰하고 있고, 주목하고 있다는 말로 대체해도 좋다.

우리가 명심해야 할 것은 아무리 빨리. 쉽게 부자가 된 사람들도 우리가 모르는 그의 삶을 들여다보면, 모두 다 임계점을 돌파하기 위한 엄청난 시간이나 에너지, 노력과 끈기를 들였고, 그것이 필요했다는 사실이다.

명심하라. 세상은 정확하다. 당신은 정확히 당신의 가치만큼 돈을 벌 수 있다. 당신의 가치를 높일 수 있는 가장 확실한 방법은 한 가지 일에 모든 노력과 에너지를 쏟고 집중하여 임계점을 돌파하는 것이다. 바로 이 책이 주장하는 메시지이기도 하다.

진짜 부자들의 세 가지 공통점

O   "역사상 최고의 부자들은 세 가지 공통점을 갖고 있다. 첫째. 진정한 부란 무엇인지 알고 있다. 둘째, 문화나 종교나 자라온 환경에서 생긴 부나 돈에 대한 죄책감, 창피함, 믿음을 초월했다. 끝으로, 돈의 성격과 의미를 진정으로 이해한다. 당신도 이런 확실한 목적의식을 가져야 한다."

롭 무어가 자신의 책에서 언급한 내용이다. 그렇다면 진정한 부는 무엇이며, 돈의 속성과 의미는 무엇일까?

그는 말한다. 사람들이 돈을 벌 수 없어서가 아니라, 단지 아직 돈을 버는 방법을 모르는 게 문제라고 말한다. 하지만 그의 말에는 모순이 있다. 누군가가 책을 써서 베스트셀러 작가가 되면, 인세로 많은 돈을 버는 방법을 안다고 해서 누구나 이 방법을 자신의 것으로 삼을 수 없다는 것이다.

세상에는 돈을 버는 다양한 방법이 있다. 누군가는 남들보다 축구를 잘해서 프리미어 리그에서 주전 선수로 뛰면서 연봉으로 몇백억을 벌 수 있다. 누군가는 오디션 프로그램에서 1등을 해서, 거액의 상금을 벌고, 그 덕에 유명해져서 광고도 많이 찍어 금방 부자가 된다.

　부자가 되는 방법, 돈을 버는 방법은 누구나 많이 안다. 대표적인 방법이 시세차익을 노리고, 부동산을 사서 많은 이윤을 남기고 다시 파는 것이다. 주식도 마찬가지다. 하지만 문제는 방법을 알지만, 그것을 해낼 수 있는 능력이 부재하다는 것이다. 능력이 없는 사람은 길을 발견해도, 그 길을 당당하게 거침없이 걸어 나갈 수 없다.
　인기 작가가 될 수 있을 정도로 책 쓰는 능력이 없다면, 책 쓰는 작가로 먹고살 수 없다는 말이다. 방법은 알지만, 그 방법을 자신의 것으로 만들 능력이 없다면 모든 것이 무용지물이다.

　방송에 출연해서 남을 웃겨서, 뛰어난 개그맨이 되면, 예능인으로 훌륭하게 살 수 있다. 하지만 방법은 알지만, 남을 웃길 수 있는 실력과 능력, 감각과 소질을 보유하고 있느냐 하는 것이 더 큰 관건이다.
　유재석, 강호동, 이경규, 박미선, 김종국, 신동엽, 박나래 등 수 많은 연예인이 운이 좋아서 그 위치까지 올라간 것이 아니다. 우리가 알지 못하는 엄청난 노력과 에너지, 끈기와 열정을 가지고 자신의 길을 우직하게 걸어갔다는 사실을 잊어서는 안 된다. 그들은 우리가 모르는 예능의 임계점을 돌파했기 때문에 남들과 다른 아우라를 뿜을 수 있고, 시청자들을 사로잡을 수 있는 실력과 에너지를 갖추게 된 것이다.

부의 진정한 의미는 무엇일까? 부란 무엇일까? 부를 의미하는 영어 단어 'wealth'에는 '행복한 상태'라는 의미가 있다. 행복을 뜻하는 고대 영어 단어가 weal이고, 이에 상태를 뜻하는 th에서 유래되었기 때문이라고 롭 무어는 말한다.

그렇다. 행복한 상태로 우리가 오래 살아내기 위해서는 풍부한 소유물이 있어야 한다. 하지만 소유물만 있으면 된다고 많은 이들이 착각한다. 진정한 부는 행복한 상태를 오래 유지할 수 있는 데 필요한 정서적인 것도 물질적이고 경제적인 측면과 함께 중요하다. 그래서 롭 무어는 부를 이렇게 정의한 것 같다.

> "부의 새롭고, 총체적이며, 정확한 정의는 정신적이고 물질적인 것과 경제적이고 정서적인 것을 합쳐야 한다. 즉 부는 돈, 배려, 그리고 당신과 타인들을 위한 봉사의 형식을 취한 행복이자 번영이다."

역사상 최고의 부자들은 부가 무엇인지 잘 알고 있었던 것 같다. 부는 우리 내면에 잠재되어 있다. 그것을 누군가가 계속해서 집중하면서 최고의 가치를 쌓아가서, 임계점을 돌파하는 순간 눈에 보이는 물질로 변환되는 것이다.

그것이 당신의 직업이든, 취미든, 스포츠든, 전문 지식이든, 기술 분야든, 자녀 양육이든, 주식이든, 부동산이든, 책 쓰기이든, 독서든,

운동이든, 교육이든, 코칭이든, 학문이든, 연기든, 배우든, 교사든, 방송인이든, 그것이 무엇이든 그것에 집중하고, 끈기와 열정을 갖고 그것에 시간과 에너지를 쏟는다면, 결국에는 축적이 되고, 성과가 서서히 나타나기 시작할 것이다.

끈기와 열정, 시간과 에너지를 통해 우리는 임계점을 돌파하게 되고, 그것은 금전적 부로 전환된다. 그것이 가능하기 위해서는 반드시 임계점 돌파를 위한 시간, 노력, 에너지, 끈기, 열정이 필요하다고 할 수 있다.

우리는 모두 우리가 최고로 가치를 두는 분야에서, 최고로 좋아하는 분야에서, 가장 소중하게 생각하는 분야에서 세상의 인정을 받으면서, 타인을 이끌고 가르치고 코칭할 수 있는 최고의 존재들이다. 롭 무어가 이야기했듯이 말이다. 하지만 그런 존재가 되기 위해서는 반드시 임계점을 돌파해야 한다는 사실을 명심하자.

진짜 부자들은 알게 모르게 세상과 타인에 대해 높은 가치가 있는 무엇인가를 제공한 사람들이다. 즉 다시 말해 그들은 세상과 타인에게 그들이 필요로 하는 무엇인가를 제공하는 봉사를 통해 얻게 되는 경제적, 사회적, 물질적, 정신적 보상인 통합적인 부를 획득하게 된 것이다.

돈은 서비스와 가치를 향해 흐른다. 그런데 누군가에게, 혹은 세상에 줄 수 있는 수준 높은 서비스와 가치를 제공해 줄 수 있는 가치 있는 사람으로 도약하는 것이 중요하다. 물이 높은 곳에서 낮은 곳으로 흐르는 것처럼, 돈도 흐른다. 다만 가치가 높은 사람이 낮은 사람에게 가치를 주면, 돈은 딱 그 가치만큼 가치를 주는 사람에게 되돌아간다.

부자가 되는 사람과 가난한 사람은 본질적으로 행동과 습관에서 큰 차이가 난다. 부자가 된 사람들, 백만장자들을 1천 명 이상 연구한 한 사람은 부자가 사는 집에 들어가면 가장 먼저 눈에 띄는 것이 그들이 더 성공하기 위해서 공부할 때 읽은 많은 양의 도서들이라고 말한다. 다시 말해 백만장자들은 꾸준히 공부한다는 소리다. 하지만 중산층 이하로 내려갈수록 소설이나 흥미 위주의 잡지를 주로 읽거나, 아예 독서를 하지 않는다고 말한다.

부자들은 책임을 지고, 크게 생각하고, 꾸준히 노력하고 공부한다. 하지만 가난한 사람들은 늘 비난하고 변명을 대고, 작게 생각하고, 공부나 노력을 하지 않는다.

부자가 되는 사람들의 가장 큰 특징은 꾸준히 지속하는 힘이 강하다는 것이다. 가난한 사람들은 계속 이것저것을 새롭게 시작하지만, 꾸준히 하지 않는다.

부의 임계점을 돌파하라

　　● [장자]에 보면 이런 대목이 나온다.

"가까운 숲으로 놀러 가는 사람은 세 끼 먹을 것만 가지고 가도 돌아올 때까지 배고픈 줄 모르지만, 백 리 길을 가는 사람은 하룻밤 지낼 양식을 준비해야 하고, 천리 길을 가는 사람은 석 달 먹을 양식을 준비해야 한다."

꿈과 목표가 있는 사람들이 더 크게 성공하고, 더 큰 부자가 되는 이유는 가까운 숲으로 놀러 가는 사람과, 백 리 길을 가는 사람과, 천리 길을 가는 사람의 마음 자세는 달라지기 때문이다.

부자가 되고자 하는 사람은 반드시 천리 길을 가는 사람처럼 행동하고 준비해야 한다. 이런 사람이 부의 임계점을 돌파할 수 있다.

조지 부시 대통령의 보좌관이자 존경받는 유대교 랍비였던 다니엘 라핀은 삼천 년 동안 내려온 유대인 역사 속 부의 비밀에 관한 책 [부의 바이블]을 집필했다. 이 책에 따르면, 스스로 변하지 않는 사람이란 절대 부자가 될 수 없다.

부자가 되는 공식은 단 하나인데, '새로운 나 – 예전의 나 = 내가 벌 수 있는 돈'이라고 한다. 즉 그는 돈을 더 많이 벌기 위해서는 단순히 기술이나 지식을 배우는 것만으로는 안 되며, 그것을 훌쩍 뛰어넘을 수 있는 실질적인 노력과 기간이 필요하다고 말한다.

그는 자기 일에 떳떳한 사람이 부자가 될 수 있다고 조언한다. 자기 일을 부끄러워하는 사람은 쉽게 실패하고 포기하고, 열정과 자부심을 느낄 수 없으므로, 임계점 돌파를 위한 시간도, 노력도, 에너지도 투자하기 힘들기 때문이다.

이 책에는 돈에 대한 정의도 나온다. 돈은 인간의 창조적인 에너지를 수량화한 것이라고 한다. 그렇다면 자신의 창조적 에너지는 임계점을 돌파하는 사람이어야 비로소 제대로 그 에너지를 낼 수 있다.

다시 말해, 우리가 얼마나 많은 시간과 노력을 투자했느냐에 따라, 그 시간과 노력, 열정과 자부심, 끈기와 집념, 경험과 내공, 실력과 의식 등을 통합적으로 측정하는 것이 바로 돈인 것이다. 그러므로 임계점을 돌파한 이들은 최고의 수치에 도달할 수 있는 것이다.

부의 임계점 돌파는 바로 이런 사실을 제대로 체계화시킨 부의 공식이다. 부의 임계점 돌파를 위해 가장 필요한 것은 끈기, 집념, 노력을 다 포함하는 의미인 '그릿Grit'이다.

'그릿'은 미국의 심리학자인 앤젤라 더크워스가 개념화한 용어이면서, 그가 쓴 책의 제목이기도 하다. 그는 하버드대학교에서 신경생물학 연구로 수석 졸업한 인재이며, 펜실베이니아 대학교의 심리학과 교수이다.

그는 인생에서 성공하기 위해서는 재능이나 성적보다 훨씬 더 중요한 다른 요인이 있다는 사실을 발견했다. 그것이 바로 '열정과 끈기의 조합'이라고 말할 수 있는 '그릿'이다.

궁금하지 않은가? 이상하지 않은가?

똑같은 지능, 똑같은 실력, 똑같은 환경, 똑같은 스펙을 가졌어도 왜 어떤 사람은 부자가 되고, 성공하고, 뛰어난 성취를 이루고, 반면에 또 어떤 사람은 부자가 되지도 못하고 성공하지도 못하는 것일까? 우리가 사는 세상에 후자가 더 많다는 것은 아무도 부정할 수 없는 사실이다.

전 세계 언론의 주목을 받고, 세계적인 리더들의 극찬을 받은 [그릿]은 우리에게 아주 중요한 성공 비밀을 알려 준다. 실패와 역경에도, 시련과 슬럼프에도 이 모든 것을 이겨내고 극복하고 뛰어난 성취를 이룬 사람들에게서 공통으로 발견되는 '성공의 결정적 요인'이 바로 '그릿'이라고 말이다.

그릿은 한마디로 '불굴의 의지', '투지', '집념', '끈기', '노력', '열정' 등의 성격을 토대로 한 '열정과 집념을 갖춘 끈기와 노력'이라고 할 수 있다. 그릿은 바로 '실패에 좌절하지 않고 자신이 성취하고자 하는 목표를 향해 꾸준히 정진할 수 있는 능력'을 의미한다.

그렇다. 부의 임계점이든, 어떤 종류의 임계점이든, 돌파하기 위해 가장 필요한 것이 바로 그릿이다.

시작은 누구나 하지만, 완성은 아무나 하지 못한다. 누구나 살아가고 있지만, 부자가 되는 것은 아무나 하지 못한다. 바로 그것을 가르는 것은 스펙이나 지능이 아니라, 임계점 돌파인 것이다.

> "요컨대 분야에 상관없이 대단히 성공한 사람들은 굳건한 결의를 보였고 이는 두 가지 특성으로 나타났다. 첫째, 그들은 대단히 회복력이 강하고 근면했다. 둘째, 자신이 원하는 바가 무엇인지 매우 깊이 이해하고 있었다. 그들은 결단력이 있을 뿐 아니라 나아갈 방향도 알고 있었다. 성공한 사람들이 가진 특별한 점은 열정과 결합한 끈기였다. 한마디로 그들에게는 그릿Grit이 있었다."
>
> - 앤절라 더크워스, [그릿] 중

더크워스는 열정과 결합한 끈기가 가장 중요한 성공 요인이라는 사실을 밝혀냈다. 그렇다. 부자가 되고 싶은 사람도, 성공하고 싶은 사람도 모두 이 사실에서 예외가 될 수 없다.

그릿을 가진 사람, 그릿을 실천하는 사람이 성공하고 뛰어난 성취를 낼 수 있다는 말과 부의 임계점을 돌파하는 사람이 부자가 될 수 있다는 말은 같은 의미다. 부의 임계점을 돌파하는 데 필요한 것이 열정과 끈기이기 때문이다.

이런 원리는 세계적 수준의 전문가로 도약하는 사람들의 연구에서도 나타난다. 전문가로 도약하는 사람들에 관한 연구로 세계적으로 유명한 인지심리학자 인더스 에릭슨은 말한다. 세계적인 수준의 전문가들은 모두 "남들보다 더 오래, 더 많이, 더 제대로, 연습한다"고 말이다.

세계적인 무용가 마사 그레이엄 역시 비슷한 통찰력이 담긴 말을 했다.

"원숙한 무용가가 되기까지 약 10년이 걸린다."

의미심장한 말이다. 어떤 분야에서든 전문가가 되기 위해서는 최소 1만 시간 정도의 훈련이 필요하다는 법칙이 '1만 시간의 법칙'이다. 이 1만 시간을 하루 3시간씩 훈련해 채울 경우 약 10년이 걸리기 때문이다.

부의 임계점 돌파가 유일한 부의 길이다

　　●　　세상에 공짜는 없다. 저절로 우연히 부자가 된 사람은 단 한 사람도 없다. 정말 운이 좋아서 우연히 부자가 된 사람이 있다면, 그 사람은 멀지 않아 가난하게 될 것이다. 부의 임계점을 돌파한 사람은 부자가 될 자격이 있는 사람이며, 그러므로 부자가 될 수 있고, 부자로 살아갈 수 있는 것이다.

　부의 임계점을 돌파하기 위해서는 '도전적인 확고한 목표'가 있는 것이 좋다. '도전적인 확고한 목표'가 있는 사람이 그렇지 못한 사람보다 훨씬 더 오래, 길게, 강력하게 목표에 집중하고, 자신의 노력과 열정을 쏟을 수 있기 때문이다.

> "모든 완전한 것에 대해 우리는 그것이 어떻게 생겨났는지 묻지 않는다. 우리는 마치 그것이 마법에 따라 땅에서 솟아난 것처럼 현재의 사실만을 즐긴다."

　니체의 말처럼, 우리는 부자와 부자가 가진 막대한 부에 대해서는 어떻게 생겨났는지 살펴보지 않고, 마치 그것이 우연히, 저절로, 마법에 따라 생겨난 것처럼 결과에만 집중하는 경향이 있다.

하지만 부자는 저절로 우연히 되는 것이 절대 아니다. 부자는 만들어진다. 그것도 오랜 시간, 확고한 목표와 그 목표를 이루기 위해 포기하지 않는 끈기와 결단력, 그릿으로 만들어진다.

모든 좋은 결과와 성취는 임계점을 돌파해야 비로소 나타난다는 점을 절대로 잊지 말기 바란다. 부자가 되겠다는 확고한 목표를 가지고 인내하고 기다리면서 자기 일을 매우 중요시하고 매일 우직하게 전진해 나간다면, 언젠가 엄청난 부자가 될 것이라는 사실을 항상 마음에 새겨라. 지금 현실이 발목을 잡는 것처럼 느껴지더라도 말이다.

부자가 되겠다는 확고한 목표를 소중히 간직하되, 절대 조급해하거나 안절부절하지 마라. 부의 임계점 돌파를 제외하고는 부자가 될 수 있는 길은 절대 없다.

세상 사람 대부분은 여우형이지만, 크게 성공하고 부자가 되는 사람들, 세계적인 수준으로 도약하는 전문가들은 모두 고슴도치형이라는 사실을 말한 적이 있다. 그래서 크게 두 가지 유형의 사람들이 있다고 할 수 있다.

첫 번째 유형인 여우형의 사람들은 어떤 분야에서든 최고의 전문가로 인정을 받지 못하는 사람들이고, 사업에서도, 학문에서도 크게 인정받지 못하는 사람들이다. 이런 유형의 사람들은 어떤 일을 시작해도, 자신이 생각했던 것보다 빨리 성장하지 못하면, 쉽게 그것을 포기하고, 또 다른 새로운 일에 뛰어든다. 즉 이들은 계속 여기저기를 떠돌면서 살아가는 것이다.

이들은 산만하게 생각한 뒤 일을 시작하고는 너무 빨리 포기하고, 또 다른 새로운 일로 옮겨가는 유형이다. 이것저것 시도하는 산만한 삶을 살아가는 이들이다. 평범한 많은 이들이 이런 유형이라고 할 수 있다.

두 번째 유형인 고슴도치형의 사람들은 어떤 분야에서든 최고의 전문가로 인정을 받는 사람들이고, 사업에서든 학문에서도 크게 인정받는 사람들이다. 이런 유형의 사람들은 어떤 일을 하더라도, 처음에는 자기 생각보다 더 빨리 성장하지 못하더라도, 절대 그것을 포기하거나 멈추지 않는 사람들이다. 이 유형의 사람들은 한번 시작한 일은 누구보다 더 깊게 파고들고 누구보다 더 오래 그 일에 집중하면서, 다른 사람들이 한 번도 가 보지 못한 경지까지 오르는 사람들이다.

이런 사람들은 자신의 분야에 숙달하고 정통하는 사람들이다. 그 덕분에 이들은 모두 최고 중의 최고로 인정을 받을 뿐만 아니라 자신의 분야에 튼튼한 토대를 마련하고 구축하는 이들이다.

크게 부자가 되고, 큰 성취와 결과를 달성하는 이들이 이런 유형이라고 할 수 있다.

부의 임계점을 돌파하는 사람, 돌파할 수 있는 사람은 바로 고숙도 치형 인간들이다. 가난한 사람들은 이것저것 시도하는 산만한 인생을 살지만, 부자는 단 한 가지에 집중하고 숙달하고 정통하는 심플한 인생을 사는 사람들이다.

당신이 부의 임계점을 돌파해야 하는 이유

○　부의 임계점을 돌파한 사람은 자기 자신이 바로 최고의 자산이다. 이것보다 더 좋은 것이 또 있을까? 이런 사람은 지금 당장 길바닥에 나앉게 되어도 멀지 않아 다시 일어설 수 있다. 당신의 최고 자산은 바로 당신이기 때문이다.

부의 임계점을 돌파한 사람은 다시는 인생에 부침이 없다. 경제적, 사회적 측면에서는 그렇다. 다시는 경제적으로 쪼들릴 필요가 없다. 마음만 먹으로 부를 창출할 수 있는 시스템, 방법, 전략, 아이디어, 상품, 서비스, 솔루션을 창조할 수 있기 때문이다. 이것이 바로 당신이 부의 임계점을 돌파해야 하는 이유다.

부의 임계점을 돌파한 사람은 회사에서 해고를 당해도, 지금 운영하는 회사가 파산되어도, 큰 액수의 거금을 사기를 당해도, 크게 힘들어하지 않아도 된다. 자신이 원하면 또 다른 시스템, 상품, 서비스, 솔루션, 아이디어, 전략, 제품을 만들거나 창조할 수 있기 때문이다.

부의 임계점을 돌파하지 못한 사람은 이런 것들을 만들고 창조할 수 없다. 그렇게 하기 위해서는 먼저 임계점을 돌파해야 한다.

부의 임계점을 돌파한다는 것은 바로 자신의 내면에 잠자고 있는 연금술사를 비로소 깨우는 것과 같은 일이다.

부자들이 힘들게 네트워크를 만들고, 부단히 공부하고, 신뢰를 쌓고, 평판을 좋게 하고, 인간관계를 넓히는 이유는 단 한 가지다. 부를 창출할 수 있는 시스템, 솔루션, 제품, 상품, 서비스, 아이디어를 좀 더 쉽게 빨리 구축하기 위해서다.

하지만 부의 임계점을 돌파한 사람은 사실 타인의 도움이 없어도 어느 정도의 시스템, 솔루션, 제품, 상품, 서비스, 아이디어, 전략을 구축하고 만들어 낼 수 있다. 이것이 바로 임계점을 당신이 반드시 돌파해야 하는 이유다.

부의 임계점을 돌파한 사람과 그렇지 못한 사람의 격차는 말로 다 할 수 없다. 임계점을 돌파하지 못한 사람은 제대로 된 솔루션이나 상품, 제품, 서비스, 아이디어, 전략을 만들어 낼 수 없고, 한계가 있으므로, 결국 사기꾼이 되는 것이다.

부의 임계점을 돌파한 사람은 사기꾼이 될 이유도, 필요도 없다. 자신이 만든 솔루션이나 제품이나 시스템이나 상품이나 서비스를 정당한 가격을 받고 팔면 되기 때문이다. 자신이 돌파한 임계점의 수준이 높을수록 그 서비스나 시스템의 가치는 높아진다.

필자의 책 쓰기 수업이 8년 동안 멈추지 않고, 전국에서, 미국에서도 수강생이 끊이지 않는 이유가 무엇일까? 수업료가 적지 않다. 수백만 원이나 하는 고가의 책 쓰기 수업에 왜 제주도에서도, 미국에서도 건너와서 참여하는 것일까?

필자가 돌파한 임계점의 수준이 평균보다 더 높기 때문이라고 생각한다. 3년 동안 밥만 먹고 온종일 독서만 해서 1만 권을 독서하게 되자, 즉 독서의 임계점을 돌파하게 되자, 다시는 이전의 나 자신이 아니었다. 생각도 못 한 책을 쓸 수 있는 사람, 작가가 되어 버린 것이다.

3년 동안 독서의 임계점을 돌파한 이후, 3년 동안은 60권의 책을 집필하고 출간하면서, 책 쓰기의 임계점도 돌파하게 되었다. 그렇게 되자 자기계발 분야 1위 도서도 탄생하였고, 매년 베스트셀러 도서를 집필하고 출간하는 베스트셀러 작가, 10년 연속 베스트셀러 작가가 될 수 있었다. 이것이 바로 임계점의 위력이다.

두 개의 임계점을 돌파하자 책 쓰기 코치, 책 쓰기 멘토, 즉, 수강생분들에게 만족스러운 책 쓰기 수업을 할 수 있는 코치가 되었고, 8년 동안 500명의 일반인이 작가의 꿈을 이룰 수 있게 도와줄 수 있었다.

이제 책 쓰기 코치의 임계점도 돌파했다고 할 수 있다. 트리플 임계점을 돌파한 것 같다. 이렇게 자기계발 1위 베스트셀러 작가가 직접 가르치는 책 쓰기 수업은 대한민국에 흔하지 않기 때문에 수업료는 수백만 원이지만, 2015년 메르스 때도, 2020년 코로나 팬데믹 때도 수업이 멈추지 않고 계속될 수 있었다.

당신이 자신의 분야에서 임계점을 돌파하면, 새로운 기회, 새로운 운, 새로운 전략, 새로운 방법, 새로운 아이디어가 생각하지도 않았는데, 계속해서 생긴다는 사실을 명심해야 한다.

독서의 임계점을 돌파하자. 필자는 작가로 인생역전을 했고, 책 쓰기의 임계점을 돌파하자 책 쓰기 코치로 또 한 번 인생 도약을 하게 되었다. 책 쓰기 코치로서도 임계점을 돌파하자, 김병완 창업스쿨을 시작할 수 있게 되었다. 1인 기업가와 1인 출판사 창업을 하고자 하시는 분들을 도와드리는 창업스쿨이다.

또 다른 임계점을 돌파했다고 할 수 있다. 바로 10년 100권 출간이라는 집필과 출간의 임계점이다. 3년 60권 출간이라는 첫 번째 책 쓰기 임계점을 돌파한 후, 7년이 지나서 10년 100권 출간이라는 두 번째 책 쓰기 임계점을 돌파하게 되는 것이다. 이 두 가지는 모두 양의 임계점을 돌파하는 것이다.

양의 임계점 돌파가 중요한 이유가 있다. 양이 충족되어야 그곳에서 질이 탄생하기 때문이다. 양의 임계점을 돌파하자, 자기계발 분야 1위라는 질의 임계점도 돌파하게 되고, 이렇게 자기계발 1위 도서가 탄생하자, 즉 질의 임계점을 돌파하자, 내 인생은 또 한 번 도약하고 성공하게 되었다. 임계점을 돌파하자 부와 명예가 더 높아지는 것은 자연스러운 부산물이다.

자, 이제 당신 차례다. 당신도 자신의 분야에서 임계점을 돌파해 보라. 인생이 바뀐다. 부자도 될 수 있고, 성공도 한다.

세상 모든 것에는 임계점이 있다

○　우리가 알게 모르게 세상의 모든 것에는 임계점이 있다. 성격이나 차원이 급격하게 바뀌는 극적 전환점인 셈이다. 세상의 모든 것들은 서서히 조금씩 눈에 띄지 않게 증가하다가 어느 순간, 티핑 포인트를 지나는 순간, 급격하게, 기하급수적으로 성장하고 발전한다.

우리가 스키를 배우거나, 독서를 할 때도, 어떤 분야의 학문을 연구할 때도, 피아노 연주를 배울 때도, 누군가를 가르치는 코칭 능력을 연습할 때도, 하다 못 해 가정주부들의 음식 실력도, 심지어 가수들의 노래 실력, 배우들의 연기 실력 등도 모두 처음에는 눈에 띄지 않게, 거의 늘지 않는 것처럼 보이지만, 계속하다 보면, 어느 순간 기하급수적으로 성장하는 그 지점이 반드시 있다. 그것이 바로 임계점이다.

독서에도 임계점이 있다. 자기계발서를 생애 처음으로 읽는 사람은 그 한 권을 독파하는 데 많은 시간과 노력이 필요하다. 하지만 이미

5,000권 정도의 자기계발서를 돌파한 사람은 충분히 독서의 임계점을 돌파한 사람이다. 이런 사람에게 한 권을 독파하는 것은 매우 적은 시간과 노력만으로도 가능하다.

미국에도 소문이 나서, 직접 한국에 가서 김병완 작가의 퀀텀 독서법 수업에 참여한 적이 있다. 3주 과정의 이 퀀텀 독서법 수업은 이미 5,000명이 수강한 독서법 수업으로, 아마 대한민국 최대, 최고의 독서법 수업이 아닐까 하는 생각이 든다.

수강생들의 독서력 향상 정도를 그래프를 그려서 보면, 확실하게 임계점 돌파의 위력을 쉽게 알 수 있다.

대부분 수강생은 단 3주 만에 독서력이 3배나 5배 정도 향상된다는 것을 알 수 있다. 하지만 놀라운 것은 단 3주 만에 독서력이 10배, 심지어 100배 이상 향상되는 수강생이 한두 명 이상 기수마다 배출된다는 것이다. 이렇게 단 3주 만에 독서력이 10배에서 100배 이상 향상된 수강생들에게는 공통점이 있다. 그것은 바로 한 번에 여러 줄을 읽고 이해할 수 있다는 것이다. 심지어 어떤 수강생은 한 페이지나 두 페이지를 동시에 읽고 이해하는 것이 가능해지는, 정말 마법 같은 성과를 실제로 경험하는 수강생들이다.

왜 어떤 수강생은 3배 향상되지만, (물론 이것도 단 3주 만에 세 배

라는 측면에서 놀라운 성과이고, 탁월한 독서법 수업임은 틀림없다)
어떤 수강생은 10배에서 100배 이상까지도 향상되는 것일까?

그 차이를 가르는 것이 바로 임계점을 돌파했느냐 안 했느냐이다.
임계점을 돌파하는 순간 독서력은 어제와 오늘이 다르고, 오늘과 내
일의 성장 폭이 겨우 두세 배 향상되는 것이 아니라 수십 배에서 수
백 배 향상되기 때문이다. 이것이 임계점의 위력이다.

필자도 이 수업에 직접 참여해서 독서력이 서너 배 향상되었으니,
충분히 만족스러운 독서법 수업임이 틀림없다. 수업 전과 후, 독서를
하는 수준과 차원이 달라졌기 때문이다. 하지만 티핑 포인트를 넘는
수준까지는 가지 못했다. 그래도 단 3주 만에 서너 배나 독서력이 향
상되었다는 것은 정말 놀라운 성과가 아닐 수 없다. 필자는 이 정도에
서도 너무나 만족하고 수업에 감사한 마음이 있다.

세상 모든 것에는 임계점이 있다는 사실을 알게 모르게 우리에게
알려주는 한국 속담이 있다.

"서당 개 삼 년이면 풍월을 읊는다."

즉, 무엇이든 꾸준히 지속해서 멈추지 않고 하면, 서당 개도 풍월

을 읊을 수 있을 정도로 누구나 전문가가 될 수 있다는 동양판 1만 시간의 법칙과 다름없는 속담이다. 우리가 어떤 일을 오래 하다 보면 자신도 모르게 전문가의 수준으로 도약하게 되는 것도, 바로 임계점의 법칙 때문이다.

위대한 작가들도 마찬가지다. 임계점을 돌파하는 것이 관건이다. 이문열 작가는 처음부터 작가 지망생이 아니었다. 하지만 3년 동안 1,000권의 책을 읽고 나자, 즉 폭발적인 독서로 임계점을 돌파하고 나자, 엄청난 발전과 성장, 변화와 도약이 자신에게 일어났다는 것을 알게 되었다.

3년 동안 1,000권 독서를 하고 나자, 책을 쓰는 작가로 도약할 수 있었고, 변신할 수 있었다. 이것이 임계점의 증거다.

자신의 분야에서 큰 두각을 나타냈던 모든 세계 수준의 전문가들과 천재들과 학자들은 모두 자기 일에서 임계점을 돌파한 이들이었다. 그렇다면 어떻게 해서 어떤 이들은 임계점을 돌파하는 데 성공했고, 또 다른 이들은 왜 임계점을 돌파하는 데 실패했을까?

임계점을 돌파하는 데 가장 중요한 것은 열정과 끈기다. 하지만 열정과 끈기를 강력하게 만들 수 있게 해 주는 한 가지 요인이 있다. 그것은 돈이나 명성이나 성공이 아니다. 오히려 그것은 '자신이 좋아하는 일을 하는 재미'다.

이런 사실을 다음의 연구 결과를 통해 알 수 있다.

노벨상을 받은 인물들을 가장 창의적인 인재이며, 자신의 분야에서 성공을 거둔, 탁월한 성과를 창출한 최고의 전문가라고 할 수 있다. 이런 인물 100명을 인터뷰하고 연구한 시카고 대학 연구팀의 연구 결과는 우리에게 중요한 사실을 하나 일깨워 준다.

시카고 대학의 창의성 연구팀은 노벨상을 받은 사람을 비롯한 자신의 분야에서 창의적인 성과를 이룩해 내어 성공한 창의적인 인물 100명을 대상으로 하여 인터뷰를 조사하여 그들이 그렇게 탁월한 성과를 창출해 낼 수 있었던 가장 큰 원인을 조사했다. 다른 말로 하면, 그들이 어떻게 자신의 분야에서 임계점 돌파에 성공했는지를 본 것이다. 그 조사 결과 그들의 성취에 중요한 역할을 한 것은 바로 '자기가 좋아하는 일을 했다'라는 것이었다.

아무리 천재이고, 아무리 능력이 뛰어난 수재라고 해도 자신이 좋아하지 않는 분야에서 두각을 나타낼 수는 없다. 왜냐하면, 자신이 싫어하는 일을 수십 년 이상, 그것도 평생 온 힘을 다해서 할 수 있는 사람은 단 한 명도 없기 때문이다.

생각해 보라. 아무리 둔재라고 해도 자신이 정말 좋아하는 분야라면, 그것이 아무리 힘들고 어렵고 심지어 위험한 일이라고 해도, 얼마나 오랫동안, 평생 그 일에 전심전력했을 것이고, 이런 상황에서 임계점을 돌파하는 것은 자연스러운 것이며, 그 덕분에 그들에게 없던 재능도 창출되며, 그 노력과 끈기는 어쩌면 즐거움의 다른 표현일지도 모른다.

사람이 즐거운 일은 누가 아무리 말려도 하고, 지속하고, 온 힘을 기울여 할 수 있다. 모든 잡념을 버리고, 그 일에 오롯이 집중하고, 심지어 몰입하면서 할 수 있게 되는 것이다.

학교에서 전교 1등을 하기 위해, 공부가 적성에 맞지 않는 데도 의지로만 밀어붙인다고 해도 성적은 잘 나올 리가 없다. 하지만 공부가 재미있고, 공부를 좋아하는 아이라면, 누가 시키지 않아도, 몰입하면서 할 것이다. 이런 아이들이 결국 1등을 하는 것이다.

놀라운 사실은 이것이다. 노벨상을 받은 많은 수상자의 마음속에는 임계점을 누구보다 쉽게 돌파할 수 있게 해 주는 하나의 기폭제와 같은 생각이 존재했다. 그 생각은 바로 이런 것들이었다.

"이렇게 재미있는 일을 평생 하고 살 거야."
"이렇게 재미있는 일이 또 있을까? 그런 점에서 나는 행운아야."
"이렇게 멋지고 신나는 일을 하며 살 수 있다니, 난 참 행복한 사람이야."

이러한 심정을 대부분의 노벨상 수상자들이 가지고 있었다는 사실을 우리는 알아야 한다. 자신이 좋아하는 일을 할 수 있었고, 발견하였기에 그 일에 모든 에너지를 쏟아부을 수 있었다. 자신이 좋아하는 일이기 때문에 평생 아무 불평이나 불만도 없이, 오히려 기쁘고 즐겁게 오롯이 집중하고 몰입하면서 자기 일을 평생 할 수 있었다. 이런 사람들은 너무나 즐겁게 임계점을 돌파하게 되는 것이다. 일에 대한 즐거움과 기쁨은 오롯이 일에 대한 열정과 에너지로 승화되며, 그것은 고스란히 자신의 발전과 성장이 되어, 누구보다 더 빨리 성장하고 발전하게 된다. 이렇게 성장한 사람들은 자연스럽게 다른 사람보다 훨씬 더 탁월한 작품을 만들어 낼 수 있었던 것이고, 뛰어난 학문적 성과를 창출해 낼 수 있었다.

노벨 물리학상을 받은 리처드 파인먼도 임계점을 돌파한 사람이었다. 그가 임계점을 돌파할 수 있었던 것은 바로 자기 일을 너무나 좋아했기 때문에 가능했다. 그는 미국 최고의 천재라고 칭송받는 천재이기도 하다. 하지만 그가 천재로 평가받고 칭송받는 가장 큰 이유는 그가 머리가 좋은 천재이기 때문은 절대 아니다. 그의 IQ는 122에 불과하다.

천재들과 관련하여 우리가 가장 쉽게 속단하는 것 중 하나가 '원래 천재들은 머리가 좋아서 천재다'라는 것이다. 하지만 지능지수와 임계점 돌파는 아무런 관련이 없음을 확실하게 명심해야 한다.

재미있는 사실은 리처드 파인먼 역시 일을 즐겼고 좋아했다는 사실을 그의 말을 통해 알 수 있다는 점이다.

"내가 하려는 일이 핵물리학의 발전에 얼마나 이바지하는가는 중요치 않다. 문제는 그 일이 얼마나 즐겁고 재미있느냐이다."

이처럼 평범한 지능의 리처드 파인먼은 어떻게 해서 우리는 천재라고 평가하고 부르는 것일까? 바로 그가 임계점을 돌파했기 때문이다.

다른 사람과 달리 물리학을 좋아하게 된 그는 물리학을 취미 삼아, 놀이 삼아 남들보다 더 많이 가지고 놀았을 것이다. 물리학을 좋아하는 그에게 물리학 공부나 물리학 수업 시간은 놀이 시간이 되는 것이다. 그렇게 물리학을 가지고 놀다 보니, 다른 또래보다 좀 더 잘할 수 있었고, 물리학에 대한 지식이 남달랐다.

그래서 더 물리학이 좋아졌던 것이고, 그렇게 되자 정말로 물리학의 전문가로 쉽게 도약하였다. 파인먼이 어렸을 때부터 물리학을 좋아한 것은 순전히 그의 아버지의 의도적인 개입 때문이었다.

"그는 아들이 아주 어린 시절부터 '과학적으로' 생각하도록 아들을 가르쳤다. 아기가 아직 유아용 식탁 의자에 앉던 시절부터, 아버지는 여러 색깔의 욕실 타일로 아기와 함께 놀이했다. 처음에는 타일을 어떤 순서로든 일렬로 늘어세우는 놀이를 했고, 그런 다음에는 이것을 도미노처럼 넘어뜨리면서 놀았다. 하지만 둘은 금방 패턴을 만드는 일로 넘어갔다. 예를 들어 흰 타일 둘을 놓은 다음에 파란 타일을 하나 놓고, 다시 흰 타일 둘에 파란 타일 하나, 이런 식으로 늘어세우는 것이었다. 어린 파인만은 놀이를 아주 완벽히 잘하게 되었다. 아버지가 어린 파인만에게 패턴에 대해, 그리고 기초적인 수학적 관계를 생각하도록 의도적으로 가르쳤다."

- 존 그리빈·메리 그리빈, [나는 물리학을 가지고 놀았다] 중

아버지의 이런 의도적인 교육 덕분에 파인만에게 있어서 물리학은 바로 놀이의 연장에 불과해졌다.

명심하자. 세상의 모든 분야에는 임계점이 엄연히 존재한다. 임계점을 돌파한 이들은 모두 국가 대표가 되고, 전문가가 되고, 최고의 과학자가 된다.

"인간은 단순한 육체 그 이상이다.
인간의 몸이 최고의 능력을 발휘할 때는 정신과 육체가 일치할 때다.
자기 일을 정말 긍정적으로 여기면,
다른 이들도 우리의 일에 대한 열정의 파도에 휩쓸릴 것이다.
이 진리는 오랜 옛날부터 유대 전통의 한 부분으로 확립되었다.
비즈니스에 도덕성과 존엄성이 깃들어 있다는 깊은 확신은
어떤 사업이 되었든 그 속에 강력한 힘을 불어넣는다.
자신을 윤리적이고 선하다고 생각하는 사람은,
스스로 이미 부적절한 행위에 깊숙이 관련되어 있다고 느끼는
사람들보다 법적인 한계선을 넘을 가능성이 현저히 낮다."

:: 다니엘 라핀, '부의 바이블' ::

제6장

부의 임계점을 돌파하기 위한 다섯 가지 로드맵

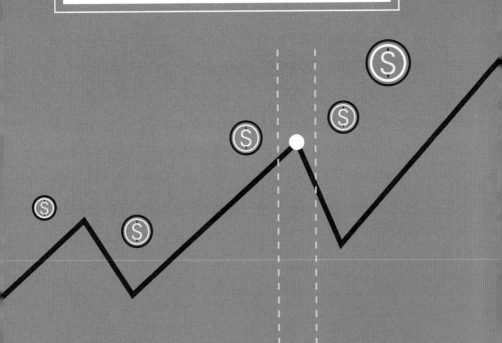

첫 번째 : 열정이 숨겨진 분야에서 시작하라

◎   부자가 되는 것도 공식이다. 부유해진다는 것, 부자가 된다는 것은 한계가 아니라, 공식에 따라 당신도 가능하다. 즉 당신이 부자가 되는 것은 이 공식에 얼마나 부합하느냐에 달렸다. 그래서 부자가 되는 것은 하나의 과학이며, 법칙이며 공식이다.

부자가 되기 위해 당신이 기본적으로 지켜야 할 것은 바로 생각이다. 당신의 생각이 집중하는 것이 바로 당신이 앞으로 가지게 될 것이기 때문이다. 당신이 온종일 생각하는 바로 그것이, 곧 당신이다.

당신이 돈에 대해 어떤 생각을 하느냐에 따라, 당신의 부가 결정된다는 사실을 잊어서는 안 된다. 부자를 만드는 것은 통장 잔고가 아닌 당신의 생각이다. 물론 부의 단 하나의 법칙은 이 책에서 이야기하고 있는 임계점 법칙이다. 하지만 이 법칙을 준수해 나가면서, 반드시 가져야 할 부의 주체인 사람의 마음가짐은 기본적으로 필요하다.

가난한 사람들은 돈에 대해 이런 생각을 한다. 돈은 악의 근원이며, 부자가 되는 것은 탐욕스러운 자가 되는 것이라는 생각이다. 반면에 부자가 될 수 있는 사람들은 돈에 대해 다른 생각을 한다. 돈은 행복과 자유의 근원이며, 돈은 신뢰의 증표이며, 창조적인 에너지의 수치화이며, 성스러운 것이며, 부자가 되는 것은 자기 일에 떳떳한 사람이 되는 것이고, 자기 일에서 최고가 된 사람이라는 사실을 말해 주는 것이다.

부의 임계점 법칙을 실천하는 데 필요한 로드맵을 순차로 제시하면 이렇다.

첫 번째 로드맵은 당신의 열정이 숨겨져 있는 분야에서 일을 시작하는 것이다. 당신이 세상에서 가장 좋아하는 것, 평생 아무리 큰 시련과 역경, 고난과 장애물이 있다고 해도 멈추지 않고 걸어갈 수 있는 바로 그 길을 선택해야 한다.

긴 인생에서 배신하지 않는 것이 있다면 바로 열정이다.

인생의 참된 의미는 그 어떤 시련과 고난과 문제도 없이 평안하게 조용히 살아가는 것이 아니다. 뜨거운 열정을 가지고 끊임없이 문제를 헤쳐 나가며 극복하며 살아가는 것이다. 어떤 삶이 더 가슴 뛰고 후회 없는 삶이 될 것 같은가? 아무 문제도 없이, 고난도 없이, 시련도 없이, 실패도 없이 만사형통한 그런 삶은 없다.

평생 아무 문제도, 시련도, 고난도 없이, 평안히 조용히 살아가는 최고의 방법은 지하실에 방을 만들어 그곳에서 나오지 않는 것이다. 하지만 그런 삶에는 그 어떤 의미도, 가치도, 도전도, 기적도, 열광도, 사랑도, 관계도, 부유함도, 기쁨도, 즐거움도, 짜릿함도 존재하지 않는다.

우리는 명심해야 한다. 무미건조하고 재미없고 열광도 없는 삶을 살 것인가? 즐거움과 기쁨과 가치가 있는 열정적인 삶을 살 것인가?

이 세상에서 가장 아름답고 위대한 삶은 뜨거운 열정을 가지고 거대하고 담대한 목표를 달성하기 위해 어떠한 시련과 역경에도 그 길을 한 걸음씩 걸어 나가면서 자신을 성장시키고 발전시켜, 더 나은 존재로 만들어 가는 것이다.

과거에는 가난했던 사람이, 이런 과정을 통해 세상의 부를 성취하여, 부자가 되는 것도 이와 다르지 않다. 걸음을 멈추거나 포기하는 사람, 그 길에서 벗어나서 우왕좌왕하고, 헤매는 사람은 절대 부자가 될 수 없기 때문이다.

열정은 부의 임계점을 돌파하여, 부자가 되기 위해서도, 그 어떤 일을 성취하기 위해서도 필요한 요소다. 열정이 없었다면 이 세상의 그 어떤 위대한 일도 이룰 수 없었을 것이다. 우리는 이 사실을 명심해야 한다.

"열정을 갖고 하나만을 억척스럽게 물고 늘어지는 사람만이 어떠한 일이든 성취해 낼 수 있다"라고 현대 경영학의 창시자 피터 드러커도 말한 적이 있다. 열정이 없는 인생과 지금 당장 결별을 선언하라. 그것이 당신에게 가장 유익한 선택이기 때문이다.

열정이 없는 자는 탁월한 재능을 타고났음에도 다시는 성장도 발전도 할 수 없고, 쇠퇴할 뿐이다. 이런 사례를 우리는 중국 북송 시대의 왕안석이 쓴 산문인 '상중영傷仲永'에서 찾아볼 수 있다.

이 글에 나오는 인물인 '방중영'을 주목해야 한다. 방중영은 5살 때부터 시를 지을 만큼 재능을 타고난 인물이었다. 한마디로 타고난 천재였고, 신동이었다. 그는 대대로 소농의 집에서 태어났음에도 남달리 총명하고 신동이었다.

그는 특히 사구시四句時를 잘 지었는데, 시의 압운이 절묘해서 어린아이가 쓴 것이라고 믿기지 않을 정도였다고 한다. 이러한 아들의 재능을 발견한 방중영의 아버지는 아들을 데리고 선비들이 모이는 장소를 찾아다니면서 시를 지어 보이게 하고 그 대가로 돈을 받으면서 생활을 이어 나갔다고 한다. 방중영의 아버지는 아들을 자랑하며 헛

된 명성을 쫓아다녔다.

놀라운 재능을 갖고 태어난 방중영이지만 아버지의 이런 돈벌이 수단에 이용만 당하는 환경에서 그 어떤 학문에 대한 열정도 제대로 가지거나 품을 수 없었다. 학문에 대한 열정이 없었던 그는 어떻게 되었을까?

아버지가 시키는 대로 여기저기 다니면서 남들에게 시를 지어 보여 주는 데에만 급급했던 방중영은 제대로 학문에 심취할 기회가 없었다. 그렇게 가장 중요한 십 대를 보낸 후, 십 년이 지나 성인이 된 방중영의 재능은 오히려 쇠퇴했다. 학문에 대해 어떠한 열정도 없었던 방중영은 스무 살이 되자 평범한 사람보다도 못한 사람이 되고 말았다.

열정은 이렇게도 중요한 것이다. 이와 반대의 경우를 우리는 너무도 쉽게 발견할 수 있다.

타고난 재능도 없었고, 뛰어난 교육도 제대로 받지 못했을 뿐만 아니라 공부할 환경도 되지 못했던 사람이, 그것도 40의 나이에 공부에 대한 열정만으로 큰 발전과 성장, 성공을 한 사람이 있기 때문이다.

그가 바로 공손홍이란 사람이다. 그는 돼지나 치면서 살았던 가난한 사람이었다. 공부를 제대로 한 적도 없고, 어렸을 때도 못 배웠다. 중국 한 무제 때의 사람이었던 공손홍은 40이 될 때까지 제대로 공부를 한 적도 없으며 그 어떤 재능도 가지지 못했다. 하지만 그를 바꾸고, 인생을 드높인 것은 재능이나 환경이 아닌, 바로 열정이었다.

그는 40이 되어 학문에 열정과 뜻을 두고 공부를 시작했다. 40이라는 늦은 나이에 공부를 시작한 그는 시작한 지 무려 36년 후에 그는 76세라는 많은 나이에 승상의 위치에까지 올라섰다. 그가 그렇게 40의 나이에 공부를 시작할 수 있었던 것도, 그리고 삼십 년이 넘게 공부에 매진할 수 있었던 것도 모두 열정을 가지고 있었기 때문이라고 말할 수 있다. 그는 재능도 없었고, 사회적, 경제적으로 공부를 할 여유 있는 환경도 아니었지만, 열정만으로 공부의 임계점을 돌파해 버린 것이다.

증권거래소 직원으로 안정된 삶을 살아갈 수도 있었던 빈센트 반고흐가 43세에 안정된 삶을 버리고, 화가의 삶을 시작하게 한 것도 바로 그의 뜨거운 열정이었다. 지그문트 프로이트가 안정된 의사란 직업을 포기하고 심리학 공부에 정식으로 40세 때 시작하게 하여, 평생을 한길만을 걷게 해 준 것도 바로 뜨거운 열정이었다.

열정이 없었다면 위대한 위인들은 평범한 삶을 살아갔을 것이다. 이런 경우가 수도 없이 많음을 우리는 알 수 있다. '하늘에서 떨어진 대가는 아직 한 명도 없다'라는 독일 속담이 이런 사실을 잘 설명해 주는 것 같다. 하늘에서 떨어진 대가는 한 명도 없다. 열정을 통해 대가가 된 사람만이 이 땅에는 차고 넘친다는 사실을 잊지 말아야 할 것 같다.

    그러므로 부의 임계점을 돌파하는 첫 번째 로드맵은 바로 이것이다. 당신의 열정이 있는 분야에서 일을 시작하는 것이다.

두 번째 : 그 분야에 숨겨진 의미, 가치를 발견하라

○ 두 번째 로드맵은 그 분야에 숨겨져 있는 의미와 가치를 발견 하는 것이다.

우리가 하는 일이 아무리 뜨거운 열정이 있다고 해도, 평생 그 일 을 하기 위해서는 끊임없이 불탈 수 있는 연료가 있어야 한다. 열정이 시동을 거는 키라고 한다면, 의미와 가치는 끊임없이 전진해 나갈 수 있게 해 주는 연료와 같다.

자동차에 연료가 없다면, 무용지물과 마찬가지다. 당신의 열정을 더 뜨겁게 해 주고, 지속해서 전진해 나갈 수 있게 해 주는 것이 바로 의미와 가치다. 의미와 가치가 있는 사람은 어떤 환경에서도 포기하 거나 멈추지 않는다.

의미와 가치가 얼마나 강력하고 중요한 것인지를 가장 정확하게 알 려 주는 책이 있다. 바로 [죽음의 수용소]란 책이다. 20세기를 대표하 는 정신 의학자의 반열에 오른 빅터 프랭클의 자전적인 이 책은 우리에게 의미의 힘을 잘 말해 주고 있다.

　이 책에서 그는 나치의 강제 수용소에서 겪은 삶과 죽음의 경험을 생생하게 담았다. 그는 한 시간 후의 미래도 어떻게 될지 전혀 알 수 없는 참혹하고 죽음의 순간이 언제든 다가올 수 있는 죽음의 수용소에서 한 가지 사실을 깨닫는다. 그는 니체의 말을 인용해서 그 사실을 우리에게 전한다.

　　　"왜 살아야 하는지 그 이유를 아는 사람은 어떤 상황에서도 견딜 수 있다."

　유대인이었던 그는 제2차 세계 대전이 발발하면서, 소중한 가족들 모두를, 부모와 형제, 아내까지 모두 나치의 강제 수용소에서 잃었다. 그 자신도 강제 수용소에 끌려가 추위와 굶주림, 극한의 죽음 공포와 비인간적인 대우와 학대에 시달려야 했다. 이 책을 읽고 있는 독자들은 절대 상상도 할 수 없는 그런 최악의 상황에서 그는 어떻게 살아남을 수 있었을까?

　죽음의 수용소였던 아우슈비츠에서 그는 3년을 생존하고 버틸 수 있었고, 결국 살아남았다. 그 비결은 바로 삶에 대한 의미와 가치 부여 때문일 것이다. 그는 말한다. 최악의 상황에서도 삶의 의미를 발견하고 가지고 있는 사람들은 자연스럽게 삶에 대한 의지가 높고, 이런 사람들은 살아남을 확률이 높아진다는 사실을 말이다. 삶에 대한 의지가 있는 사람들은 아침마다 깨진 유리 조각으로 면도를 하고, 뺨을 문질러 혈색이 좋아 보이게 했고, 이런 사람들은 죽음의 가스실로 보낼 사람을 고를 때도 선택받지 않을 확률이 높았다.

그렇다. 인간에게 가장 중요한 것은 어떤 길을 선택하고 어떤 행동을 하며, 어떻게 살아가야 할 것인지를 선택할 수 있는 자유다. 이 책에서 가장 중요한 대목 중의 하나는 바로 이것이다.

> "인간에게 모든 것을 빼앗아 갈 수 있어도 단 한 가지, 마지막 남은 인간의 자유, 주어진 환경에서 자신의 태도를 결정하고 자기 자신의 길을 선택할 수 있는 자유만은 빼앗아 갈 수 없다."

인간의 위대함을 인간의 자유와 삶의 의미에 대한 발견으로 파악한 그는 독자적인 실존분석 이론을 세운다. 그것이 바로 '로고테라피 Logotherapy'이다.

로고테라피Logotherapy는 '의미'를 뜻하는 그리스어 '로고스Logos'와 '치료'를 뜻하는 '테라피therapy'가 합쳐진 말이다. 이 치료법을 개발한 빅터 프랭클은 삶의 의미를 찾으려고 기울이는 노력이야말로 인간이 살아가는 최고의 동력이며, 위대함이라고 말한다.
'의미를 찾고자 하는 의지'를 일깨우고, 인간이 스스로 삶의 의미를 대면하고 알아내도록 도와주는 치료 기법인 셈이다.

의미와 가치를 발견하는 것은 죽음의 수용소에서도 버틸 힘과 용기를 준다. 그러므로 우리가 열정을 느끼는 그 분야에서 진정한 의미와 가치를 발견할 수 있다면, 당신은 목적지까지 무사히 갈 수 있는 충분한 양의 연료를 마련하는 것과 다름없다.

세 번째 : 담대하게 시작하고 행동하라

○ 세 번째 로드맵은 어떤 어려움이 있어도, 그 일을 담대하게 시작하라는 것이다.

아무리 좋은 열정과 의미가 있다고 해도, 실천하지 않는다면, 지금 당장 행동하지 않는다면 그것은 망상에 불과하다. 중요한 것은 행동이고 실천이다. 독일 문학을 세계적 수준으로 끌어올린 위대한 작가인 괴테는 이 말을 우리는 명심해야 한다.

"무슨 일이든 당신이 해낼 수 있거나 꿈꿀 수 있으면 그것을 시작해라. 대담함 속에는 천재성과 힘과 마법이 들어있나니."

그렇다. 지금 당장 시작하고 행동하면, 그 속에 위대한 것들이 담겨 있다. 행동하는 자는 그것을 활용할 수 있는 것이다. 당신의 꿈과 목표가 무엇이든, 그것을 이루는 유일한 방법은 행동이다. 절대 미루지 말고, 지금 당장 시작하고, 절대 멈추지 마라.

미루지 않고 지금 당장 시작하는 것이 성공의 길이라는 사실을 우리에게 정확히 제대로 잘 알려 주는 책이 있다. 그 책은 [지금 바로 실행하라, [나우NOW]라는 책이다. 이 책은 닐 피오레Neil Fiore라는 심리학 박사가 쓴 책이다. 그는 이 책에서 자기 경영의 핵심인 성공적 시간 경영의 걸림돌인 미루는 습관을 극복할 방법을 제시하고 있다. 그도 역시 미루는 것이 실패의 가장 큰 원인이라는 사실에 대해 다음과 같이 말하고 있다.

> "일을 뒤로 미루는 것은 성격이 나빠서도 아니고 비합리적이어서도 아니다. 일을 미루는 것은 바로 비난과 실패에 대한 두려움 그리고 완벽주의 때문이다. 또 겉으로 드러나지 않고 감춰진 여러 문제를 해결하려는 편법이기도 하다. 일을 미루는 때가 많아질수록 인생은 쉴새 없이 브레이크를 밟는 자동차처럼 좀체 앞으로 나아가지 못하고 덜컹거린다."

지금 당장 시작한다는 것은 결국 남들이 우유부단함 속에서 주저하고 있을 때, 남보다 더 빨리 그 길을 간다는 것을 의미한다. 즉 민첩하고 신속한 행동이다.

> "부富를 얻게 된 사람들에게는 6가지 공통점이 있다."

베스트셀러 작가이기도 한 폴 멕케나Paul Mckenna는 백만장자가 된 세계적인 기업가들인 사람들을 만나 인터뷰를 했다. 그중에서는 영국의 버진그룹 회장인 리처드 브랜슨Richard Branson도 포함되어 있다. 그렇게 인터뷰를 하다 보니 그들에게는 숨길 수 없는 공통점이 있다는 사실을 발견하게 되었다. 그 사실을 그는 영국의 일간지 '더 타임스'지에 소개했다. 그런데 그 여섯 가지 중에 매우 특이한 한 가지가 있었다. 다른 수많은 자기계발 도서에서 말하지 않았다.

그것은 바로 성공한 기업가들은 모두 결정한 뒤에 행동하기까지 24시간도 채 걸리지 않는다는 것이다. 즉, 민첩하고 신속한 행동이 부를 얻은 사람들에게서 나온 숨길 수 없는 공통된 특징 중에 하나라는 것이다.

경영 컨설턴트인 혼다 켄은 일본 부자 1만 2천 명에게 부자의 조건, 부자가 되는 방법, 부자의 비결이 무엇인지에 관해 물었다. 그는 인터뷰와 설문 조사 등을 방법을 통해 일본에서 연 3천만 엔 이상의 수입을 올리고 있고, 자산 규모가 1억 엔 이상인 부자에게 설문지를 발송했다. 그리고 그중에서 965명의 부자가 회답했고, 20명의 부자는 직접 만나 인터뷰까지 했다. 그리고 그러한 결과를 토대로 하여 그는 부자가 되는 열 가지 비결을 발견하게 되었고, 백만장자 마인드와 백만장자의 습관 등에 관해서도 연구하게 되었다.

그가 연구한 내용은 모두 그의 여러 가지 저서들을 통해 책으로 출간된 바 있다. 그는 자신의 저서 중의 하나인 [행복한 부자가 되는 8가지 비결]에서 행복한 부자들의 삶의 8가지 특징에 대해 말했다. 그 8가지 중의 하나가 부자들은 모두 결단력과 실행력이 있다는 것이다.

"성공하는 사람들의 특징으로 빼놓을 수 없는 것이 결단력과 실행력이다. 성공하는 사람들은 결단이 매우 빠르다. 언젠가 한 부자와 음식점에 간 적이 있는데, 그 사람은 종업원이 메뉴판을 건네자마자 바로 주문을 했다. 내가 어떻게 그렇게 빨리 결정할 수 있느냐고 물었더니 음식점에 들어오기 전에 이미 결정했다고 대답했다.

실행력이란 하려고 한 일을 바로 행동으로 옮기는 힘이다. 즉, 해야겠다고 생각하면 몸이 움직이는 것이다. 수많은 유능한 사람들이 실행력이 없어서 자기 사업을 시작하지 못한다. 많은 젊은 기업가 지망생들이 나를 찾아온다. 그들은 대부분 머리 회전이 빠르고 사업을 꾸려나갈 능력이 충분한, 한마디로 자기 사업을 하는 사람이 갖추어야 할 요건들을 모두 갖춘 사람들이다. 그러나 실제로는 그들 대부분이 사업가의 꿈을 품은 채 샐러리맨 생활을 계속하다. 바로 실행력이 없기 때문이다."

- 혼다 켄, [행복한 부자가 되는 8가지 비결] 중

부의 임계점

그의 말처럼 아무리 재능이 뛰어나고 능력이 있고, 머리가 좋아도 행동하지 못하는 사람은 그저 평범하게 살아가야 한다. 행동하지 않으면 아무것도 이룰 수 없다. 아무리 멋진 스포츠카라도 시동을 걸고 전진하지 않는다면 무용지물인 것과 마찬가지이다.

그는 또한 설문지 조사를 하는 과정에서 매우 재미있는 사실을 하나 발견했다. 큰 부자일수록 설문 조사에 응답한 시간이 빠르다는 사실이었다. 이것은 또한 부자일수록 실행력이 크고, 빠르다는 사실을 입증해 주는 것이다.

"구슬이 서 말이라도 꿰어야 보배"가 되듯, 아무리 능력이 좋아도, 행동하지 않는 자에게는 그것이 그림의 떡일 뿐이다. 행동한다는 것은 서 말이라 되는 자신의 구슬을 꿴다는 것이다. 그래서 자신이 가진 것들로 자신의 인생이 보배가 되게 만든다는 것이다. 행동하여 자신의 인생을 보배로 만들 것인가? 아니면 여전히 보배가 되지 못한 채로 있을 것인가?

지금 현재의 삶은 과거에 당신이 행동한 것들의 총체적인 합이다. 부의 임계점을 돌파하기 위해 오랫동안 당신이 행동하고 실천한 것의 총합이 결국 당신의 부와 인생을 결정한다.

임계점을 돌파하느냐 못하느냐는 당신의 능력이나 지능에 달린 것이 아니다. 그것은 당신의 행동력에 달린 것이다. 많은 사람이 시도조차 해 보지 않고, 지레 겁먹고 시작하는 것을 포기한다. 세상의 모든 일은 쉽다고 생각하면 쉬운 것이고, 어렵다고 생각하면 어려운 것이다. 그렇다면 당신은 어떤 생각을 할 것인가? 생각의 중요성에 대해서는 이미 이 책의 앞부분에서 언급한 바 있다.

당신이 매일 하는 작은 행동과 작은 습관이 결국 당신의 인생을 좌우하고, 당신이 부자가 될 것인지, 가난하게 살 것인지를 결정한다는 사실을 잊어서는 안 된다. 매일 하는 작은 행동과 습관이 누적되면, 엄청난 임계점도 돌파하고 큰 바위도 뚫을 수 있는 수적천석의 힘을 발휘하기 때문이다. 결국, 당신이 오늘 하는 수많은 작은 행동이 당신이 부자가 될 것인지, 아닌지를 말해 줄 것이다.

네 번째 : 중요한 것은 계속 전진하는 것이다

○ 네 번째 로드맵은 결과에 연연하지 말고, 계속 전진하고 또 전진하라는 것이다.

'우보만리'라는 말을 기억해야 한다. 만 리나 되는 먼 길을 소처럼 느린 동물이 우직하게 걸어가면 충분히 갈 수 있다. 우보만리의 정신은 부의 임계점을 돌파하는 데 가장 필요한 정신이다.

좌고우면하지 말고, 우보만리 해야 한다. 매일 꾸준히 자신의 길을 묵묵히 갈 수 있는 우직함보다 더 강력한 무기는 없다. 우보만리를 실천하려고 할 때 가장 큰 걸림돌은 성과에 연연하는 조급한 마음이다.

결과에 연연하는 마음을 버리지 못하면, 절대로 임계점을 돌파할 수 없다. 임계점을 돌파하기 전에는 구체적인 성과가 절대 나오지 않기 때문이다. 그래서 우공이산 할 수 있는 사람이 임계점을 돌파하고, 부자가 되고, 성공하는 것이다.

그렇다. 꾸준함을 이길 그 어떤 재주도, 방법도, 법칙도 없다. 꾸준하게 자신의 길을 걸어가는 사람이 임계점을 돌파할 수 있다. 10년, 20년 오랫동안 한 가지 길만을 가는 것이 부자가 되고, 전문가가 되는 길이다.

작은 물방울이 끊임없이 떨어지면 바위에도 구멍을 뚫을 수 있다. 이런 의미의 말이 바로 '수적천석'이다. 무슨 일이든지 끈기를 가지고 멈추지 않고 계속하면, 반드시 이루어 낼 수 있다. 하지만 수적천석이란 이 말에 단 한 가지 전제 조건이 있다. 바로 한 지점에 계속해서 물방울이 떨어져야 한다는 사실이다.

10년, 20년을 계속해서 전진한다고 해도, 이것저것 기웃거리면 절대 안 된다는 말이다. 다시 말해, 한 우물을 계속 파야 한다는 의미다. 그 어떤 힘도 없는 작은 물방울이 바위를 뚫을 힘은 바로 우직함과 끈기에서 나온다. 수적천석이라는 이 말은 누구나 다 알고 있지만, 실천하는 것이 힘든 말이다.

부의 임계점을 돌파할 수 있는 사람은 바로 이런 사람이다. 한 우물을 계속 파기 위해, 필요한 것은 마음 관리다. 결과에 연연하면, 쉽게 포기하거나 멈추고, 의욕을 잃을 수 있다. 그래서 길게 보는 눈을 가져야 한다. 성공하는 사람들과 실패하는 사람들을 살펴보면, 확연하게 차이가 나는 점이 바로 이것이다.

성공하는 사람들은 인생을 길게 내다본다. 그래서 지금 당장 실패하거나, 성과가 없어도, 자신의 길을 묵묵히 계속 걸어 나간다. 하지만 실패하는 사람들은 인생을 길게 내다 보지 못한다. 그래서 지금 당장 성과가 없거나, 실패하면 쉽게 포기하고 멈추고, 다른 길을 간다. 이것이 바로 미래의 성공과 실패를 가르는 것이다.

성공하는 사람들은 현재의 실패, 현재의 성과 부진에 아랑곳하지 않는다. 오히려 그들은 실패를 즐기는 경지에까지 오른 사람들이다. 인생을 길게 내다보기 때문에 현재의 실패는 하나의 좋은 인생 경험에 불과할 뿐, 그들의 발목을 잡는 크나큰 역경이 되지 못한다.

성공하는 사람들에게는 실패가 성공의 기반이 된다. 왜일까? 그들은 성공을 다르게 생각한다. 이런 사실에 대해 세계적인 경영 대가 중의 한 명인 세스 고딘Seth Godin은 이렇게 설명한다.

> "성공하는 사람들이 성공하는 이유는 아주 단순하다. 그들은 실패를 다르게 생각한다.
> 성공한 사람들은 실패를 통해 배운다. 하지만 보통사람들이 배우는 교훈과 그들이 배우는 교훈은 조금 다르다. 처음부터 시도하지 말걸 그랬다고 후회하

지 않는다. 자신은 똑똑한데 세상이 엉터리라고 한탄하지 않는다. 자신을 패배자라고 생각하지 않는다. 그들은 자신이 사용한 전략이 왜 작동하지 않았는지, 전략을 사용할 대상으로 삼은 사람들이 왜 반응하지 않았는지 배운다.

지는 데 능숙한 사람들은 머지않아 이기는 사람들이 될 것이다. 지는 것을 무서워하면 저항에 힘을 실어줄 수 있으며, 자신은 승리할 가치가 없다는 죄책감에 젖게 만들 수 있으며, 어두운 영혼의 구석으로 숨어들게 만들지도 모른다. 그러지 말자."

- 세스 고딘, [린치핀] 중

더 크게 성공하기 위해서는 지금보다 더 많이 실패할 필요도 있다. 호랑이 굴에 들어가지 않고 어떻게 호랑이를 잡을 수 있겠는가? 실패를 두려워하고 실패를 회피하려고만 하여 도전에 주저하는 것은 호랑이 굴에 들어가지 않고, 자기 집 안방에 앉아서 호랑이 새끼를 잡으려고 하는 사람과 다를 바 없다. 호랑이 새끼를 잡으려면 반드시 호랑이 굴에 들어가는 위험을 감수해 내야 한다.

지금 당장 성과가 나오지 않아도, 그것에 아랑곳하지 않는 것, 실패해도 그것에 연연하지 않고, 자신의 길을 계속 갈 수 있는 사람만이 임계점을 돌파할 수 있다.

다섯 번째 : 반드시 할 수 있다는 **자기 확신**을 해라

○ 부의 임계점을 돌파하기 위한 마지막, 다섯 번째 로드맵은 무엇일까? 반드시 나는 할 수 있을 것이라는 확고한 믿음, 즉 자기 확신이다.

위대한 성과를 창출한 위인 중에 자기 확신이 없이 그 일을 해낸 사람은 없다. 위대한 업적을 달성한 사람들의 특징이 바로 자기 확신이다. 반드시 나는 이 일을 해낼 수 있다는 믿음, 이런 자기 확신이 있는 사람과 없는 사람의 격차는 일해 나갈수록 더 많이 생긴다.

자기 확신이 있는 사람은 다른 사람들이 불가능하다고 생각해도 상관하지 않는다. 아무리 지금 현실이 팍팍하고 힘들어도 거뜬하게 견디어 낼 수 있고, 자신의 길을 묵묵히 걸어갈 수 있다.

자기 자신이 반드시 이 일을 해낼 수 있게 될 것이라고 확신해야 한다. 그래야 다른 길에 눈길도 주지 않을 수 있다. 그리고 자신이 하는 일에 전심전력을 다 할 수 있다.

자기 확신이 인류의 발전과 문명을 일으켰다는 사실을 잊어서는 안 된다. 그 어떤 위대한 발명과 혁신도, 모두 자기 확신에서 비롯되었다고 해도 과언이 아니다. 위대하고 성공한 사람들, 인류에게 큰 혁신을 가져다준 사람들의 가장 큰 특징은 세상이 아무리 무모하다고 조롱해도, 자신을 끝까지 믿고, 반드시 해낼 수 있다는 사실을 추호도 의심하지 않고, 흔들리지 않았던 강한 자기 확신의 대가들이었다.

자기 확신은 성공의 가장 큰 자본이다. 자기 확신은 부자가 되는 길, 부의 임계점을 달성하는 데 가장 필요한 토대 중에 하나다. 모든 위대한 성과는 자신에 대한 믿음, 자기 확신에서 비롯된다. 자기 확신은 그 어떤 재능이나 천부적인 소질을 뛰어넘는다.

자기 확신으로 가장 찬 사람은 미래나 결과를 두려워하지 않고, 자신의 길을 꿋꿋하게 당당하게 힘차게 나아갈 수 있다. 자기 확신이 강한 자만이 자본과 기술이 없어도, 놀라운 일을 해낼 수 있다.

사람은 자신이 할 수 없다고 생각하는 것을 절대 해낼 수 없는 법이다. 인간을 이끄는 것은 바로 자기 생각이며, 믿음이기 때문이다. 인간은 자신이 해낼 수 있다고 확신하는 것보다 더 큰 일을 해낼 수 없다. 인간은 그런 존재다. 다시 말하자면, 인간은 자신의 믿음만큼 성장하고 발전하고 해낼 수 있다.

자기 확신의 크기가 클수록 그 사람은 큰일을 해낼 수 있다. 그 확신의 크기만큼 성장하고 발전할 수 있기 때문이다. 이 세상은 자기 확신이 강한 사람에게 길을 내준다. 자기 확신이 강한 사람은 자신의 목표를 끊임없이 생각하고, 단 한 순간도 자신의 길에서 벗어나지 않으며, 그 어떤 시련과 어려움이 닥쳐도 거뜬하게 극복해 낼 수 있다.

자기 확신이 강한 사람은 자신이 선택하고 지금 가고 있는 이 길에서 벗어난다는 것을 단 한 순간도 생각하지 않으며, 완주하지 못하고, 중도에 포기하거나 멈출 것이라는 부정적이고 의심으로 가득 차는 생각은 추호도 하지 않는다.

결론적으로, 부의 임계점을 돌파하기 위한 다섯 가지 로드맵을 정리하면 이렇다.

[부의 임계점을 돌파하기 위한 다섯 가지 로드맵]

◈ 첫 번째 로드맵 : 당신의 열정이 있는 분야에서 일을 시작하라.

◈ 두 번째 로드맵 : 그 분야에 숨겨진 의미와 가치를 발견하라.

◈ 세 번째 로드맵 : 어려움이 있어도, 담대하게 시작하라.

◈ 네 번째 로드맵 : 결과에 연연하지 말고, 계속 전진, 또 전진하라.

◈ 다섯 번째 로드맵 : 할 수 있다는 확고한 믿음, 자기 확신을 가져라.

"주어진 단 한 번의 삶을 살면서, 누구는 천금(千金)을 가지고
도시의 군주와 맞먹는 영화를 누리고, 누구는 만금(萬金)을 가지고
왕처럼 즐긴다. 반면 대부분 사람은 돈이 주는 즐거움을 즐기는 것이
아니라 돈이 주는 고통을 감내한다.
어떤 이는 돈의 즐거움을 누리면서 삶을 살고,
어떤 이는 돈의 고통을 감내하면서 삶을 사는 것이 일상의 모습이다.
부자가 되는 데는 정해진 직업이 있는 것도 아니고,
재물에는 일정한 주인이 있는 것도 아니다."

:: 릭 에덜먼, '부자가 되는 길' ::

제 7 장

부자가 되는
단 한 가지 부의 공식
_ 부의 임계점

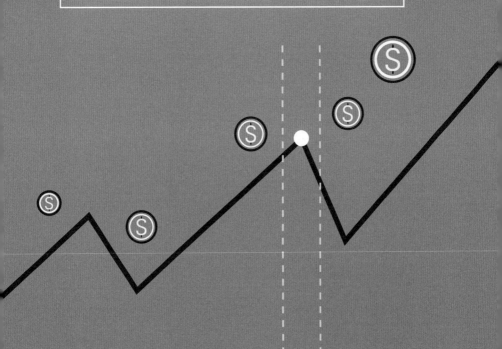

부의 임계점 법칙 = 부의 임계점 공식!

O　　누구나 부자가 될 수 있는 공식이 있을까? 있다면 왜 그토록 많은 사람이 부자가 되지 못한 상태로, 가난한 상태로 하루하루 경제적으로 힘들게 살아가는 것일까?

필자는 말하고 싶다. 부자가 되는 것은 과학이며, 공식이다. 그래서 이 과학에 맞게, 조건에 맞게 필요충분조건을 충족시킨다면 누구나 반드시 부자가 된다고 생각한다.

그렇다면 부자가 되는 가장 확실한 공식 혹은 법칙은 무엇일까?

그것은 바로 부의 임계점 공식, 혹은 부의 임계점 법칙이다. 부의 임계점 법칙은 이것이다.

◈ 부의 임계점 법칙 ＝ 확고하고 분명하고 담대한 목적의식(목표 지점)

　　　　　　　　　＋ 포기하지 않고 집중할 수 있는 그릿

　　　　　　　　　＋ 최소 3년~10년이라는 시간

10년이면 충분히 가능하다. 하지만 문제는 한 가지에 집중하지 않고, 이것저것 하면서 분야를 바꾸는 것이다. 분야를 바꾸지 않고 10년을 이야기한다는 점을 명심해야 한다.

이 공식에서 이야기하는 '포기하지 않고 집중할 수 있는 그릿'은 다른 말로 하면 '열정과 끈기'라고 할 수 있다. 이것은 임계점을 돌파하는 데 필요한 조건이다. 그리고 분명한 목적의식도 필요하다.

부자가 되기 위해서는 엄청난 돈을 버는 것을 목표로 할 필요가 있다. 이러한 분명한 목적의식이 왜 필요할까?

천재적인 도약을 하여, 천재가 된 베스트 플레이어들은 남들이 한계라고 생각하는 바로 그 지점을 목표로 삼는다. 그래서 누구도 도전할 수 없다고 생각하는 금지된 영역에 도전하고 전대미문의 최고로 발돋움하는 것이다. 그런 점에서 위대한 도약을 위해 가장 중요한 것은 아무도 생각하지 못하는 높고 담대한 목표이자 목적의식이다.

'왜 우리는 열광하고 그들은 세상을 지배하는가?'라는 질문에 대답해주는 책인 매슈 사이드의 [베스트 플레이어]는 우리에게 베스트 플레이어들은 하나같이 도달할 수 없는 기준Unreachable Standard을 설정하고, 남다른 성취 기준을 갖고 있다는 사실에 대해 잘 말해준다.

"베스트 플레이어는 남다른 성취 기준을 갖고 있다. 자기 능력보다 높은 수준의 목표를 설정해 놓고 그것을 달성하기 위해 전력투구한다. 이 책의 저자인 매슈 사이드 또한 그냥 오랜 시간 훈련한다고 해서 남다른 경지에 도달할 수 없음을 강조하고 있다. 분명한 목적의식이 있어야만 포기하고 싶을 때 계속해서 나아가라고 자신을 다독일 수 있기 때문이다."

- 매슈 사이드, [베스트 플레이어] 중

거대한 부의 달성은 거대한 부의 목표에서 시작된다. 명심하자. 목표를 제발 낮게 잡지 말자. 당신의 목표가 100억이라면, 그것을 1,000억으로 높게 잡는 것도 중요하다.

부의 추월차선 vs 부의 **임계점** 법칙

⊙ 많은 이들이 오해하는 [부의 추월차선]에 보면 부의 개념에 대해 이런 말이 나온다.

> "부는 모호한 개념이 아니다. 내 인생에서 가장 행복한 순간은 진정한 부를 몸으로 느꼈을 때였다. 언제인지 짐작이 가는가? 그 순간은 내가 처음 람보르기니를 뽑았던 날이 아니다. 저택으로 이사한 날이나 회사를 수백만 달러에 팔았던 날도 아니다. 부는 물질적인 소유물이나 돈, 또는 '물건'이 아니라 3F로 이루어진다. 3F는 부의 3요소로 가족(Family, 관계), 신체(Fitness, 건강), 그리고 자유(Freedom, 선택)를 말한다. 3F가 충족될 때 진정한 부를 느낄 수 있다. 즉, 행복을 얻을 수 있다."
>
> - 엠제이 드마코, [부의 추월차선] 중

그렇다. 진정한 부는 단순히 돈을 의미하지 않는다. 그러므로 진정한 부는 사실상 추월차선으로 얻을 수 있는 것이 아님을 명심해야 한다. 이 책의 저자인 엠제이 드마코도 분명히 이야기한 것은 좋은 대학에 가서 우수한 성적으로 졸업한 뒤에 좋은 직장에 취업하고, 좋은 금융상품에 투자하고, 신용 카드를 없애고, 절세방법을 찾아서 절약하면서 40년 동안 죽도록 일만 하는 것, 즉 부자 되기 40년 플랜에 속지 말라는 말이다.

그의 주장에 일부는 동의하지만, 또 다른 부분에서는 동의하지 않는다. 그는 부의 인도, 서행차선, 추월차선으로 나누어 우리의 삶을 설명하고 우리에게 부자가 되는 가장 빠른 길을 조언해 준다.

인도나 서행 차선을 달리는 삶은 평범한 삶으로 현대판 노예로 간주하며, 하루에 여덟 시간씩 일하다가 사장이나 임원으로 승진하여, 하루에 열두 시간씩 일하게 될 것이라고 주장한다.

반면, 부의 추월차선으로는 부를 획득하는 데 필요한 지식과 너무나도 이상적인 부의 축적 지도를 독자들에게 보여 준다. 하지만 수많은 독자가 과연 그 길을 따라서 할 수 있을까? 할 수 있었다면 그 책의 독자 중에 많은 이들이 지금 백만장자가 되어있어야 한다. 7년 전에 출간된 이 책을 7년 전에 수많은 독자가 읽고 또 열광했다. 하지만 7년이라는 긴 세월이 지났음에도 독자들의 대부분은 여전히 가난하거나 더 궁핍해졌다.

독자들이 실현할 수 있고, 누구나 쉽게 따라 할 수 있는 현실적인 이론이나 방법론과는 거리가 멀다는 것을 방증하는 것이 아닐까?

이 책의 독자들은 혹시라도 부의 추월차선, 빠르게 부자 되기라는 이 메시지만 보일 뿐, 다른 메시지는 집중해서 읽지 않은 것인지도 모른다. 엠제이 드마코는 부의 추월차선이 쉽고 누구나 할 수 있다는 말은 하지 않았을 뿐만 아니라, 오히려 제대로 공부하고, 역경을 이겨내야 목적지에 도달할 수 있다는 말을 했다.

그는 분명히 말하고 있다. 백만장자는 사건이 아니라 과정에 의해서 만들어진다고 말이다. 그렇다. 하나의 운 좋은 사건이나 이벤트로 백만장자가 만들어지지는 않는다. 꾸준히 지속하는 그 과정을 통해서, 역경을 이겨내야 부자라는 목적지에 도달하는 것이다. 독자들은 추월차선이라는 이 개념에 열광하고 환호했지만, 실제로 부의 추월차선을 이용해서 초고속으로 돈을 벌고 부를 불린 사람은 많지 않다.

이제 우리는 빨리 쉽게 편하게 부자 되기라는 환상에서 벗어나야 한다. 이런 환상 때문에 당신은 이것 조금 하다가, 이내 곧 다른 것을 또 시작하게 되고, 그 일도 조금 하다가 또다시 다른 것을 하게 되는 그런 여우형 인생을 살게 되는 것이다.

부의 임계점 법칙은 부의 서행 차선도, 추월차선도, 그 어떤 것을 선택하라고 말하지 않는다. 부의 임계점을 돌파하는 순간, 그 분야에서 최고의 될 수 있고, 세상이 보이고, 새로운 전략과 기술이 탄생하게 된다. 임계점을 돌파한 사람은 그때부터 비로소 비상한 전략과 사고가 가능해진다. 임계점의 힘이다. 그래서 남들이 보지 못하는 사업을 할 수 있고, 자기만의 추월차선을 걸어갈 수 있게 되는 것이다.

세상에 공짜는 없다는 것은 가장 확실한 원리다. 비즈니스 세계에서는 더욱더 그렇다. 부의 추월차선을 가는 사람들이 그 어떤 엄청난 노력이나 남들이 하지 못하는 깊은 공부나 폭넓은 경험과 내공이 없이 저절로 그런 길을 갈 힘이나, 방법이나, 전략이 생기는 것은 절대 아님을 우리가 이해하게 된다면, 부의 임계점 법칙은 우리 눈에 보이지 않는 빙산의 몸체이고, 부의 추월차선은 단지 빙산의 일각에 불과한 결과에 치중한 부의 단편적인 법칙이라는 생각에 더 동의하게 될지도 모른다.

필자도 부의 임계점을 돌파하는 순간 부가 기하급수적으로 폭발적으로 늘었다. 부의 추월차선이라는 책에서도 강조하는 말이면서, 필자도 강조하는 말이 있다. 절대 절약만으로는 부자가 될 수 없다.

부의 추월차선은 빠르게 부자가 되는 부의 지름길을 알려주는 책이라면, 부의 임계점 법칙은 제대로, 확실하게 부자가 되는 부의 정도를 알려주는 책이다. 부의 추월차선은 30대에 빨리 은퇴해서 인생을 즐기라고 말하지만, 사실 은퇴를 30대에 빨리한다는 것은 좋은 것이 아니다.

유대인들의 정신적 지주인 [탈무드]를 보면, 인생의 목표를 은퇴로 삼아서는 안 된다고 말한다. 히브리어는 '은퇴'라는 개념 자체를 인식하지 못한다. 일을 즐기고, 일하면서 장수하는 것을 가장 이상적이라고 말한다. 그래서 절대로 은퇴하지 말라고 조언한다.

삼천 년 유대인 역사 속의 부의 비밀에 관한 책인 [부의 바이블]이란 책을 봐도, 우리가 평생 은퇴하지 않고 일하는 것이 더 가치가 있고, 더 훌륭한 삶이라는 사실에 대해 잘 말해 주는 대목이 나온다.

다음은 교황 요한 바오로 2세가 일을 주제로 다룬 회칙에 나오는 일에 대한 문장이다.

> "일은 인간에게 선한 것-인간성에 선한- 것이다. 인간은 일을 통해 자연을 필요에 맞게 변화시킬 뿐만 아니라 인간으로서의 성취도 이루기 때문이다. 일은 인간의 존엄성을 표현하고 그것을 증가시킨다. 일은 가정을 꾸릴 수 있는 방편을 제공해 주고 이웃과 관계를 맺게 해 준다. 이웃 사람들에게 부에 기여하는 것은 말할 것도 없다."
>
> - 다니엘 라핀, [부의 바이블] 중

그렇다. 부의 추월차선이라는 책에서는 30대에 빨리 부자가 되어, 30대에 은퇴해서 평생 노는 삶이 좋은 삶이고 최고의 삶인 양, 독자들이 은퇴는 빨리할수록 좋다는 생각을 은연중에 가지게 한다. 하지만 그렇지 않다.

일에는 돈 버는 것 이상의 가치가 있음을 우리는 알아야 한다. 일하는 것은 우리를 더 살아 있게 하고, 삶에 동참하게 하고, 다른 사람들과 연대를 맺게 해 주고, 다른 사람과 관계를 맺고 유지하면서, 사회 활동을 지속해서 하도록 해 준다. 이 모든 것은 결국 당신이 생존하고 장수하고 번영을 누리는 데 꼴 필요한 것이다.

억만장자라고 해서, 일찍 은퇴해서, 저택에서 혼자 혹은 가족과 함께 생활하게 되면, 멀지 않아 관계는 축소되고, 사회에 당신이 끼치는 영향력은 사라지게 되고, 사회 활동을 할 필요가 없어서 하지 않게 되고, 삶에 동참하지 않게 되고, 그것은 살아도 제대로 살아가는 것이라고 할 수 없다.

평생 열심히 직장 생활을 하다가, 퇴직하신 분들이 갑자기 건강이 나빠지는 경우가 많다는 사실을 명심해야 한다. 은퇴는 본질적으로 이기적이라는 사실을 이 책의 저자는 주장한다. 우리가 생산적으로 일을 한다는 것은 돈을 번다는 것 이상의 가치, 즉 우리가 다른 사람들을 돌보 있고, 도와주고 있고, 무엇인가를 제공하고 있다는 의미이다. 이 땅에 농부들이 전부 다 알 수 없는 이유로 백만장자가 되었다고 생각해 보라. 그들이 백만장자이기 때문에, 다시는 돈이 필요 없어서, 농사일을 일제히 하지 않는다면, 이 세상은 큰 혼란을 겪게 된다.

은퇴한 뒤 일을 하지 않은 사람은 사회 구성원으로 자신의 기능을 제대로 하지 못하는 사람이다. 이것은 다른 말로 신뢰할 만한 근거나 지표가 없는 사람이라는 의미이다. 우리가 무언가를 해서 돈을 받고 있다면, 그것은 최소한 다른 누군가에게 도움을 주고 의미 있고 유용한 무엇인가를 제공하고 있다는 뜻이 된다.

직업이 없는 사람들, 즉, 일하지 않는 사람들은 정신세계가 건전해지지 않는다. 돈이 많고 시간이 남아도는 사람들은 더 쉽게 유혹에 빠지고, 더 쉽게 타락하거나 탈선하는 이유가 바로 이것이다.

다시 말해, 30대 때 이른 은퇴를 하는 것이 많은 독자의 생각처럼, 그리고 부의 추월차선의 저자가 말하는 것처럼 그렇게 좋지는 않다는 사실이다. 그러므로 가장 좋은 인생은 부의 추월차선으로 부자가 되는 사람보다는, 부의 임계점 법칙으로 부자가 되고, 자신의 분야에서 고수로, 전문가로 인정받고, 사회를 이끌어 갈 리더나 전문가가 되는 사람이 훨씬 더 의미 있고, 가치 있는 삶을 산다는 것이다.

평생 놀고먹는 삶에 그 어떤 의미나 가치, 세상에 끼치는 유용성이나 봉사, 헌신의 모습은 들어 있지 않다. 부의 지름길을 통해 30대에 갑부가 되어, 사회생활을 은퇴해 버리는 그런 삶보다는 부의 임계점을 돌파하는 과정을 통해 자기 일에 전문가가 되고, 그 일을 통해 사회와 타인에게 도움을 주고, 세상에 이바지하는 그런 삶이 더 의미 있고, 가치 있고, 떳떳한 삶이라고 나는 생각한다.

명심해야 할 것은 장수하는 사람들의 비결은 놀고먹는 것이 아니라 다른 사람들을 돌보는 데 있다는 사실이다. 돈은 많이 벌어서 30대에 은퇴하는 사람보다, 오랫동안 일을 하면서 타인을 돕고, 자기 일이 있어서 사회에 기여를 계속하는 사람이 더 오래 살고, 더 건강하고, 더 행복하다는 사실이다.

부의 임계점 법칙과 부의 추월차선!
선택은 당신의 몫이다. 당신이 결정하면 된다. 당신이 더 빨리 부자가 되고 싶은 길을 선택한다고 해서, 진짜로 더 빨리 부자가 되는 것은 아니라는 것도 알아야 할 것이다.

자기 일을 미친 듯이 사랑하라

○ 부의 임계점 돌파는 당신도 가능하다. 다만 스스로 그런 환경을 찾고 만드는 사람이 되어야만 한다.

> "이 세상에서 성공하는 사람은 자신이 바라는 환경을 스스로 찾는 사람이며 만약 발견하지 못하면 스스로 그것을 만드는 사람이다."

매우 열정적인 삶을 살았던 조지 버나드 쇼의 이 말은 우리가 어떤 태도와 자세로 살아가야 부자가 될 수 있는지에 대해 잘 조언해 주는 말이다.

부자들은 모두 환경에 수동적으로 대처하며 환경에 영향을 받았던 사람들이 아니라 반대로 환경에 상관없이 자신의 인생을 스스로 개척하고 심지어 인생을 재창조해 나간 사람들이다.

최악의 환경과 조건에서도 자신의 인생을 개척하고 재창조해 나가는 사람들에게는 공통점이 하나 있다. 그들은 모두 자기 일을 미친 듯이 사랑했다는 것이다. 바로 이런 이유에서 억만장자의 86%가 자수성가한 사람들이다.

자본주의는 누구나 부자가 될 기회를 제공하는 가장 성공적인 시스템이다. 누구나 부의 임계점을 돌파하면, 부자가 될 수 있다.

많은 사람은 아이디어만으로 부자가 될 수 있다고 말한다. 이 말이 완전하게 틀린 말은 아니다. 하지만 대부분의 사람에게는 적용하기 힘들다. 세상을 바꿀만 한 엄청난 아이디어를 가진 사람이 적지 않지만, 그것을 현실화시키는 사람은 극소수의 천재이거나 노력파다.

결국, 누구나 부자가 될 수 있는 만인에게 적용 가능한 부의 법칙은 아이디어나 부의 추월차선이 아니라 부의 임계점 법칙인 것이다.

돈을 벌기 위해 돈이 필요하다고 하는 사람이 많다. 이미 돈이 있는 사람에게는 다시는 돈이 필요하지 않다. 돈이 돈을 버는 것이 아니라, 돈을 벌 수 있는 가치 있는 사람에게 돈이 벌리는 것이다. 당신의 돈이 돈을 버는 것이 아니라, 당신의 가치가 돈을 번다. 당신은 정확히 당신의 가치만큼 벌기 때문이다.

자기 일을 미친 듯이 사랑하는 사람의 10년 후 모습은 불을 보듯 명확하다. 이런 사람이 부자가 되고 성공하지 않는다면, 도대체 어떤 사람이 성공하고 부자가 되겠는가?

돈은 자연의 법칙을 알게 모르게 따른다. 자기 일을 싫어하고, 자신이 하는 일을 사랑하지 않는 사람은 돈을 밀어내는 사람이다. 자기 일을 싫어하는 사람은 늘 불평하고, 비난하고, 변호하고, 불만에 가득 차 있다. 이런 사람은 부와 멀어지는 행동과 생각을 자신도 모르게 하는 것이다.

"자연은 진공 상태를 싫어한다"라고 아리스토텔레스는 말했다. 진공 상태는 자연의 법칙에 어긋난다. 진공 상태가 있으면, 즉시 그 공간을 채우게 되는 것이다. 물이 높은 곳에서 저절로 낮은 곳으로 흐르는 것과 같은 자연의 법칙이다.

자기 일을 싫어하는 사람은 늘 불평과 불만, 분노와 짜증으로 가득 차 있고, 그 결과 돈과 같은 것들을 저절로 밀어내고 있다. 자기 일을 사랑하는 사람은 그 자체로서도 내면의 감정의 찌꺼기와 세상의 잡다한 일들을 모두 비우면서 일에 집중한다. 그것이 바로 진공 상태고, 바로 그런 상태로 세상의 모든 좋은 것들, 운과 행복, 건강과 장수, 부와 명예가 들어가는 것이다.

자기 일에 미친 듯이 사랑하는 사람이 부와 명예, 운과 행복, 건강과 장수를 얻게 되는 것을 우리는 너무나 자주 보아왔다. 자기 일을 미친 듯이 사랑하고 실천하는 사람은 다른 의미로 이야기하자면, 이미 부자인 것이다. 돈이나 행복이 필요 없다. 이미 그 자체가 행복한 것이기 때문이고, 부자만이 누릴 수 있는 세상의 여유와 풍요로움과 건강과 행복이 이미 그 안에 있기 때문이다.

새로운 부의 법칙인 [머니]의 저자 롭 무어는 모든 부자가 따르는 부의 공식이 있다고 말한 적이 있다. 그는 지난 600년~700년 동안 모든 부자가 따랐던 공식으로 다음과 같은 공식을 소개한 적이 있다.

◆ 부(wealth) = (가치 + 공정한 교환) × 레버리지

여기서 가치는 자신이 타인에게 제공할 수 있는 서비스를 말한다. 타인의 고민을 해결해주고, 타인의 시간을 절약해주는 어떤 것도 현금으로 전환 가능한 가치를 갖게 된다.

공정한 교환은 누군가가 지급하는 돈만큼 충분히 가치 있는 제품이나 서비스, 아이디어, 솔루션 등 무엇인가를 제공하여 공정한 거래가 이루어져야, 재거래로 이어지고 이 거래는 다시 타인에게 추천을 받게 된다.

당신이 제공하는 가치보다 낮은 서비스나 아이디어, 제품을 제공하면, 당신은 불공정하고, 탐욕스럽고, 심지어는 타인을 속이는 존재로 인식될 것이고, 이것은 당신의 사업을 망하게 하고, 다시는 부를 획득하지 못하게 한다.

레버리지는 서비스와 보수의 규모와 속도 및 그들이 가진 영향력이다. 규모가 클수록, 즉 더 많은 사람에게 제품이나 서비스를 제공하고, 더 많은 사람을 도와줄수록 당신은 더 많은 돈을 벌 수 있다.

자기 일을 사랑하는 사람은 그저 열심히 일하는 것이 아니라 가장 효율적인 방법으로 제대로 일을 할 줄 아는 사람이 된다. 임계점을 돌파하는 사람은 비로소 타인에게 제공할 수 있는 제품이나 서비스를 세상에 내놓을 수 있게 된다.

임계점을 돌파하지 못한 사람들, 아마추어나 수준이 낮은 전문가들은 세상에 내놓을 가치 있는 제품이나 서비스가 없다. 그러므로 부를 얻을 수 없는 것이다.

당신이 세상에 당당하게 제공할 수 있는 가치 있는 서비스나 제품, 솔루션을 당신은 무슨 수로 만들 것인가? 타인이 평생 고생하고 오랜 시간을 투자해서 만든 서비스나 제품을 훔치는 것은 비겁한 짓이고, 떳떳하지 못한 것이다. 타인의 것을 쉽게 훔치려고 하는 조급한 마음은 우리 사회에 저작권 침해와 표절 논문과 같은 문제를 일으키는 것이다.

떳떳하게 자기 일에서 스스로 가치 있는 사람이 되어야 한다. 그 길은 하나뿐이다. 시간과 노력을 투자해서 임계점을 돌파하는 것뿐이다. 부자가 된다는 것은 바이올린 연주의 대가가 되는 것과 다름없다.

아무리 독특하고 편한 방법이나 기술을 배운다고 해도 오랜 시간 피나는 연습과 훈련이 없는 바이올린 대가란 도무지 상상도 할 수 없고, 세상에 존재하지도 않는다. 부자가 되는 것도 이와 다르지 않다.

편하게 로또 1등에 당첨되어 수백억 이상의 돈을 자신의 손에 움켜쥐는 사람은 어떤 의미에서는 진정한 부자가 아니라 졸부라고 할 수 있고, 이런 사람은 멀지 않아 재산을 다 탕진하게 되어있다. 그것이 세상의 이치이기 때문이다.

쉽게 들어온 것은 정말 쉽게, 마법같이 사라지는 것이 세상의 이치다. 일찍 핀 꽃이 일찍 지는 것은 당연한 세상 이치다. 너무 빨리 부자가 되고, 은퇴하려고 하지 마라. 자기 일을 미친 듯이 사랑하고, 그 길을 꾸준히 가는 사람은 적당한 때, 가장 좋은 때에 부자가 되고, 인생을 더 즐겁게 살 수 있게 된다.

너무 빨리 젊은 날에 부자가 된다고 좋은 것이 아님을 명심해야 한다. 세상에는 가장 좋은 때가 정해져 있다. 자기 일을 사랑하라. 그래서 부의 임계점을 돌파하라. 부의 임계점을 돌파한 사람은 비로소 부자가 될 자격도 있고, 부를 레버리지 할 조건도 갖추어지는 것이다.

임계점을 돌파하지 못한 사람에게는 레버리지 할 환경도 자신에게 없음을 우리는 알아야 한다. 임계점을 돌파하게 되면, 부가 생기고, 회사나 조직이 생긴다. 그때부터 레버리지하고, 관리하면 된다. 레버리지도 필요한 때가 있는 법이다. 아무것도 없는 사람은 레버리지하고 관리할 것도 없다.

부의 임계점을 먼저 돌파하는 것이 우선인 이유가 바로 이것이다. 우리가 먼저 자기 일을 미친 듯이 사랑하고, 인생을 걸어야 하는 이유도 바로 여기에 있다. 모든 좋은 것은 임계점을 돌파한 이후에 만날 수 있고, 돈도 벌 수 있고, 명예와 인기도 얻을 수 있다.

인생은 부의 임계점을 돌파하기 전과 후로 나누어진다. 돌파하기 전에는 살아도 살았다고 할 수 없다. 돌파한 후의 삶이 비교도 할 수 없을 만큼 더 많은 기회와 운과 시스템과 솔루션과 방법과 제품과 서비스가 창출되기 때문이다.

부의 임계점을 돌파하는 것은 환골탈태하는 것과 같고, 거듭나는 것과 같다. 개인적인 차원의 천지개벽과 다름없다. 너무나 좋은 것이다. 그러므로 자기 일을 미친 듯이 사랑하고, 임계점을 돌파하라.

자기 일을 미친 듯이 사랑하는 사람은 부의 목표도 일반인들이 상상도 하지 못하는 최고 수준의 목표를 잡는다. 그것이 바로 임계점을 돌파하게 해 주는 하나의 장치가 된다.

르네상스 시대에 위대한 천재 예술가인 미켈란젤로는 이러한 사실을 잘 알고 있었다. 그가 위대한 시스티나 성당의 천장화인 '천지창조'를 그릴 수 있었던 것은 그가 남들보다 크고 높은 목표를 가지고 자기 일을 미친 듯이 사랑했었기 때문이다.

"대부분 사람에게 가장 위험한 일은 목표^{目標}를 너무 높게 잡고 거기에 이르지 못 하는 것이 아니라, 목표를 너무 낮게 잡고 거기에 도달하는 것이다."

그의 말처럼, 꿈이나 목표를 너무 낮게 잡기 때문에 대부분 사람은 진짜 부자가 될 수 없는 것이다. 결코, 능력이나 재능이 부족하므로 부자가 되지 못하는 것은 아니다.

자기 일을 미친 듯이 사랑하라. 그리고 임계점을 돌파하라. 돌파하는 순간 모든 것이 달라진다.

딱 3년, 5년, 10년만 투자하라

O 한국인 기업으로 최초로 글로벌 외식 그룹인 SNOWFOX GROUP의 회장이기도 한 김승호 회장의 책 [돈의 속성]이라는 책을 보면 돈에 대해서 배울 것이 너무 많다는 사실을 알 수 있다.

이분도 역시 부의 임계점을 돌파한 인물이다. 대학 중퇴 후 미국으로 건너간 뒤 흑인 동네 식품점을 시작으로 수많은 가게를 운영하고 실패하는 과정을 통해, 결국 임계점을 돌파하였고, 돌파하는 순간 성공적인 운영자로 도약해, 전 세계 11개국에 총 판매장 3,000개 이상의 글로벌 그룹으로 성장할 수 있었다.

이런저런 가게를 운영하면서 실패를 거듭했지만 이런 과정을 통해 결국 경영의 임계점을 돌파하고, 사업 수완이 탁월해졌으며, 보이지 않던 시스템, 전략, 방법, 솔루션, 제품과 서비스가 보이게 되었다.

세상에 공짜는 없다. 부는 절대 저절로 오지 않는다. 부자가 되려면, 최소한 3년, 혹은 5년, 또는 10년은 투자해야 하고, 끈질기게 실패를 해도 절대 그 길을 멈추거나 포기해서는 안 된다.

김승호 회장은 자신의 책을 통해 부자가 되려고 하는 사람들이 가장 많이 하는 실수가 시간을 투자하고 노력하지 않고 그저 빨리 부자가 되려고 하는 마음을 갖는 것이라고 조언해 주고 있다.

> "부자가 되려는 사람들이 가장 많이 하는 실수는 빨리 부자가 되려는 마음을 갖는 것이다. 빨리 부자가 되려는 욕심이 생기면 올바른 판단을 할 수가 없다. 사기를 당하기 쉽고 이익이 많이 나오는 것에 쉽게 현혹되며 마음이 급해 위험을 살피지 않고 감정에 따라 투자를 하게 된다. 거의 모든 결말은 실패로 끝나고 만다. 혹시 운이 좋아 크게 성공을 했어도 다시 실패할 수밖에 없는 모든 조건을 가진 자산과 인연만 만들게 된다. 무리한 투자나 많은 레버리지를 사용하는 버릇을 버리지 못하고 힘이 약한 재산만 가지고 있기 때문이다."
>
> - 김승호, [부의 속성] 중

부의 임계점을 돌파한 만큼 레버리지를 사용해야 한다. 자신의 수준이 낮고, 내공이 없는 사람이 무리하게 더 많은 돈을 벌려고 욕심만 앞서는 사람은, 무리한 투자를 하게 되고, 너무 많은 레버리지를 사용하게 된다. 이런 사람은 위험하고 위태로워진다.

1만 시간의 법칙을 달성하기 위해 하루 10시간을 투자하면, 3년이면 가능하고, 하루 3시간을 투자하면, 10년이면 가능하다. 제발, 부자가 되려는 사람들이 가장 많이 하는 실수인 빨리 부자가 되려는 마음을 버리고, 차근차근 부자가 되는 길을 걸어가는 것이 현명한 방법이다.

위대함의 씨앗은 당신의 내면과 일상에 잠자고 있다. 그것을 깨우는 사람과 평생 깨우지 못하는 사람을 가르는 시간은 최소 3년이다. 3년이 왜 마법의 최소 기간이 되는 것일까?

먼저 3이라는 숫자에 대해서 살펴보자, 3은 차원이 달라지는 최소의 숫자다.

가장 적은 변을 가지고 있으면서, 다각형이 되는 것이 바로 삼각형이다. 다시 말해, 가장 적은 직선으로 다각형을 만들 수 있는 가장 효율적인 수가 3인 것이다. 사각형도 다각형이고, 오각형도 다각형이지만, 가장 최소의 수로, 다각형을 만들 수 있는 최대의 수가 3인 것이다. 여기에는 매우 심오한 뜻이 숨겨져 있다. 바로 차원이 달라진다는 것이다. 선은 아무리 길어도, 2차원이다. 하지만 선이 3개만 있으면, 면이 될 수 있고, 그로 인해, 3차원으로 상승할 수 있다. 그리고 2차원의 수준에서 3차원으로 도약할 수 있는 최소의 선이 바로 3개의 선인 셈이다.

3이라는 숫자는 이처럼 가장 최소의 단위이지만, 가장 큰 효과를 낼 수 있는 최대의 단위이기도 하다. 우리나라 속담에서도 '귀머거리 삼 년, 벙어리 삼 년'이라는 말이 있다. 왜 하필 3년일까? 그냥 서로 편하게 귀머거리 1년, 벙어리 1년 하면, 얼마나 좋을까? 왜 굳이 우리의 조상은 3년 정도는 되어야 한다고 말하는 것일까?

"업은 아이 삼 년 찾는다"라는 속담에서는 왜 하필 삼 년이란 것에 상징성을 둔 것일까요? 그것은 바로 3년이란 세월이 가장 최소 단위이지만, 가장 완벽한, 가장 꽉 찬 단위를 의미하는 최소의 기간이기 때문이다.

그래서 우리 조상들은 만세를 불러도, 만세삼창을 불렀다. 한 번과 두 번은 너무 적고, 네 번은 너무 지나치다는 것이다. '만세삼창', 즉 세 번을 부르면, 그것으로 온전하고, 꽉 찬다는 것을, 다 되었다는 것을 의미했다. 밥을 주고, 물건을 주어도, 무조건 '삼 세 번'을 선호한다. 한 번 주면 부족하고, 두 번 주면 정이 없고, 세 번 주어야 비로소 완성된다는 것이다.

심지어 [논어論語]에서 공자는 인간품평의 최고의 단계인 군자를 세 가지 서로 다른 모습의 변화가 있는 사람인 군자삼변君子三變으로 표현하기를 좋아했다.

"군자삼변君子三變, 즉 군자는 세 가지 삼변, 즉 멀리서 바라보면, 엄숙함을 느낄 수 있어야 하는데, 이것이 일변一變이고, 가까이 다가가서 대하면, 따뜻한 인간미를 느낄 수 있어야 하는데 이것이 이변二變이고, 그 사람의 말을 들어보면, 정확한 논리가 서 있고 합리적인 행동을 하는 사람이어야 하는데, 이것이 삼변三變이라고 했다. 다시 말해, 멀리서 볼 때는 의젓한 모습을 갖추고 있어야 하고, 가까이서 보면 인간미의 따뜻함이 느껴져야 하고, 얘기를 해보면 논리적이고 합리적이라면, 진정한 군자라고 해도 된다는 것이다."

- 박재희, [3분 고전] 중

일찍이 공자 역시 세 가지만 충족되면, 모름지기 군자라고 할 수 있다고 말했다. 두 가지도 아니고, 그렇다고 네 가지도 아니다.

중국뿐 아니라, 일본에서도 3이라는 숫자는 완성의 의미인 듯하다. 일본 속담 중에 이런 말이 있다. "돌 위에서도 3년"이란 속담이다.

돌이 얼마나 딱딱하고, 차가운가? 그 위에서도 더도 말고, 덜도 말고 딱 3년만 버티고 앉아 있으면, 따뜻해진다는 뜻으로, 무슨 일을 하더라도 3년만 참고, 열심히 하면, 반드시 소기의 목적을 달성할 수 있다는 뜻이다. 이처럼 일본에서도 3이라는 숫자와 3년이라는 기간이 마법의 수이며, 완전함을 나타내는 숫자라는 사실을 은연중에 알고 있었다.

그렇다면 이제 본론인 3년이란 기간에 대해 살펴보자. 3년이 가장 효과적인 자기계발 기간이고, 임계점 돌파 최소 기간이라고 잘 말해주고 있는 자기계발 전문가가 있다. [그대, 스스로를 고용하라]의 저자이며, 변화경영연구소 소장이신 구 본형 소장이다. 그는 자신의 저서에서 평범한 사람이 가시적인 효과를 거두기 위해서는 3년 정도의 자기계발 여정이 필요하다고 정확하게 말한 바 있다.

"평범한 사람들이 가시적인 효과를 거두기 위해서는 3년 정도의 자기계발 여정이 필요하다. 왜 3년일까? 참고 견딜 수 있는 가장 긴 시간이며, 성과를 낼 수 있는 가장 짧은 시간이기 때문이다. 현재의 온갖 제약과 한계에서 벗어나 자신을 새로운 시각으로 바라보기 위해서, 적어도 우리는 몇 년의 시간적 격리를 해야 한다. 3년 정도면, 무엇인가 새로운 것에 입문하여 어느 정도의 성과를 가지게 될 것이라고 기대할 수 있는 심리적 길이로 적합하다. 3년은 1,000일을 조금 넘는다. 1,000일 동안의 담금질을 통해, 꽤 괜찮은 자기를 새로 만들어 낼 수 있다는 것은 좋은 일이다."

3년은 임계점을 돌파하기 위한 최소의 기간이다. 물론 사람에 따라서 5년이나 10년이 필요할수도 있다. 중요한 것은 조급해하지 않고 길게 내다보면서 전진해 나가는 것이다.

"서당 개 삼 년이면 풍월을 읊는다"라는 속담도 있지 않은가? 하루

10시간을 투자한다면, 3년이면 1만 시간이다. 하루 3시간을 투자한다면, 1만 시간이 되기 위해서는 10년이 걸린다.

로제토 마을의 수수께끼

    ⊙   그동안 우리가 알고 있던 성공의 비결은 모두 틀렸다고 말하는 한 권의 책이 있다. 바로 말콤 글래드웰의 명저 [아웃라이어]라는 책이다. 이 책이 주장하는 메시지는 타고난 지능이나 탁월한 재능 등이 성공을 보장하는 성공의 절대 비결이나 성공 조건이 아니라는 사실이다.

그는 자신의 책을 통해 아웃라이어Outlier라는 개념을 우리에게 처음으로 알렸다. 그가 가장 먼저 이야기한 아웃라이어는 사람이나 기업이 아닌 로제토라는 마을이었다.

로제토라는 마을은 로마에서 동남쪽으로 100마일 정도 떨어진 이탈리아 포자 지방의 아펜니노산맥 기슭에 있는 작은 마을이다. 그곳에 사는 로제토 사람들은 언덕의 채석장에서 일하거나 계곡에서 농사를 지으며, 일터가 멀리 떨어져 있어서, 일찍 일어나야 했고, 7~8㎞를 걸어 산에서 내려갔다가 해가 지면 다시 그 길을 돌아와야 할 정도로 고통스럽고 고된 삶을 살아갔다. 경제적으로 나아지리라는 희망도 없이 살아가야 했던 그들은 19세기 말 바다 건너에 기회의 땅이 있다는 말을 듣고 1882년 1월, 실낱같은 희망을 품고 뉴욕으로 가는 배에 몸을 실었다.

이때를 시작으로 1894년 한 해에는 1,200명의 사람이 고향 거리를 통째로 비워버리고 미국으로 들어왔다. 미국으로 건너온 로제토 사람들은 펜실베이니아에 자신의 로제토 마을을 건설하고 함께 모여 살면서, 로제토 마을의 전통을 이어갔다.

로제토 마을에는 수수께끼 같은 일이 벌어졌다. 그들이 미국에 건너와서 고되고 힘든 삶을 살았음에도 이 마을에는 65세 미만 사람 중에 심장마비 환자가 거의 없었다는 점이다. 당시 미국에서는 심장마비가 65세 미만 남성의 사망원인 중 선두를 달리고 있었다.

결론적으로 로제토 사람들은 55세 이하로는 누구도 심장마비로 죽지 않았을 뿐만 아니라 심장질환의 흔적조차 보이지 않았다. 65세 이상의 경우에는 로제토의 심장마비 사망률은 미국 전역과 비교하면 절반 수준에 불과했다. 더 놀라운 사실은 로제토의 사망률은 기대치보다 30~35% 낮았다.

로제토의 수수께끼의 원인은 무엇일까? 왜 로제토 사람들만 심장마비에서 이렇게 강한 면모를 보여 주는 것일까? 펜실베이니아 동부의 언덕배기가 건강에 특별히 좋은 환경이며 지역이기 때문일까? 그것은 아니었다. 로제토에서 가장 가까운 두 마을, 비슷한 지역과 환경인 뱅고어와 나자레스라는 마을의 65세 이상의 경우, 심장마비로 인한 사망률은 로제토에 비해 세 배나 높았기 때문이었다.

말콤 글래드웰은 말한다. 로제토의 수수께끼에 대한 해답은 결코 식생활이나, 운동이나, 유전이나, 지역이나 환경에 있지 않다고 말이다. 그 해답과 비밀은 그냥 '로제토' 마을 그 자체였다고 말한다. 즉 로제토가 바로 아웃라이어라는 것이다.

여기서 많은 사람이 의아하고, 이해하지 못했을 것이다. 필자도 그렇다. 왜 로제토 사람들만 비슷한 같은 지역, 같은 환경, 같은 식생활을 하는 사람보다 훨씬 더 건강한 것인지 말이다.

글래드웰은 로제토 사람들이 서로 친밀하게 잡담을 나누고, 뒤뜰에서 음식을 나눠 먹고, 작고 큰 다양한 공동체 모임을 활발하게 하고, 서로 함께 의지하며, 존중하며, 마음의 평화를 유지하며 살아가는 그런 마을의 사회적인 구조 밑에 깔린 일종의 확장된 가족집단 시스템, 공동체 시스템 덕분에 건강할 수 있었고, 장수했다고 말한다.

이전에는 전문가를 포함해서 거의 모든 사람이 건강과 장수는 우리가 어떤 유전자를 갖고 있느냐와 식습관, 운동, 적절한 치료, 환경 등에 좌우되는 것으로 생각한다. 이런 일반적인 생각에서 한 단계 더 나가서 말콤 글래드웰은 건강을 공동체라는 개념으로 확장하고, 주장했다.

필자는 여기서 한 단계 더 나가서 새로운 사실을 말하고 싶다. 로제토 사람들은 알게 모르게 '건강의 임계점'을 돌파한 사람들이라는 점이다. 세상의 모든 것에는 임계점이 존재한다. 건강의 임계점을 돌파한 사람은 어떤 척박한 환경, 최악의 조건, 식생활이나 운동, 유전적인 요소들을 모두 극복해 낼 수 있다.

'건강의 임계점'을 돌파한 사람은 평생 술을 마시고, 담배를 피우고, 엄청난 스트레스에 시달려도, 건강하고 오래 살며, 장수한다. 이런 사람들이 분명히 우리 주위에 존재한다. 물론 그렇다고 당신에게 술과 담배를 즐기라고 말하는 것은 절대 아니다. 필자도 술과 담배는 입에도 대지 않는다.

필자가 말하고자 하는 요지는 건강에도 임계점이라는 요소가 있다는 점을 로제토라는 마을의 예를 통해 말하고 있다.

세상에 공짜는 없다. 대학교를 졸업하기 위해서도 4년이 필요하고,

의사나 변호사가 되기 위해서도 일정 기간 공부를 해야 하고, 시험을 통해 합격해야 가능하다. 부자가 되려고 한다면, 부자가 되는 시험에 합격해야 한다. 그것은 바로 부의 임계점이다. 부의 임계점을 당신이 돌파한다면, 부는 놀랍게도 당신에게 몰려올 것이다.

부의 자격을 갖추지 못한 사람들, 즉 부의 임계점을 돌파하지 못한 사람은 아무리 돈을 좇아가도 절대 부자가 될 수 없다. 진정한 부자는 돈 그 자체가 아니기 때문이다.

처음부터 잘하는 사람은 없다

　　어떤 분야에서든 탁월한 실력을 발휘할 수 있는 대가, 전문가가 되기 위해서는 반드시 임계점을 돌파해야 한다. 그래서 3년이 필요하고, 5년이 필요하고, 때에 따라서는 최소 10년이 필요한 것이다.

　　임계점이 시사하는 바는 단 한 가지다.

　　처음부터 잘하는 사람은 절대 없다. 천재들도, 고수들도, 전문가들도 처음에는 모두 실수투성이, 허점투성이였다는 점이다.

　　위대한 작가들도 마찬가지다. 10년 혹은 20년 동안 무명작가의 삶을 살면서 임계점을 돌파하자, 비로소 위대한 거장으로 도약한 위대한 작가들이 셀 수 없이 많다. 놀랍게도 우리가 아는 위대한 거장들이 임계점을 돌파하기 전에는 가장 기본적인 문법이나 맞춤법, 띄어쓰기조차 제대로 못 한 경우도 허다하다.

　　영국 문학 사상 가장 위대한 업적으로 손꼽히는 작품을 집필한 자매가 있다. 바로 브론테 자매이다. 이 자매가 위대한 작가로 성장하고 도약해 가는 과정을 당신이 정확히 한눈에 볼 수 있는 통찰력이 있다면, 임계점의 위력과 왜 3년, 5년, 10년이라는 기간이 필요한가에 대해서 알게 될 것이다.

브론테 자매는 [제인 에어], [폭풍의 언덕] 등과 같은 영문학의 영원한 고전을 남긴 위대한 거장들이다. 당신들이 속아서는 안 되는 명제가 있다면 "될성부른 나무는 떡잎부터 안다"라는 말이다. 이 말은 허구이며, 절대 정답이 아니다. 작가는 태어나는 것이 아니라 임계점을 돌파함으로써 스스로 만들어 나가는 것이기 때문이다.

브론테 자매는 임계점을 돌파해서, 스스로 위대한 작가로 도약했던 사람들이다. 브론테 자매들의 초창기 글쓰기에 대해 당신이 모르기 때문에, 임계점을 볼 수 없었다. 그들의 초창기 책 쓰기는 한마디로 형편없었다.

초등학생보다도 못한 책 쓰기라고밖에는 달리 할 말이 없음을 당신도 알아야 한다. 만약에 당신이 정말이냐고 묻는다면? 필자는 그렇다고 정확히, 말해 줄 것이다. 사실이기 때문이다.

[탤런트 코드]라는 책의 저자이며 [뉴욕타임스]의 저명한 저널리스트인 대니얼 코일도 이러한 사실을 잘 설명해 준다.

한마디로 위대함은 타고나지 않는다. 열정과 끈기, 그리고 제대로 된 연습과 훈련이 필요하다. 임계점을 돌파하기 위해서 무턱대고 하는 것보다는 정확하고 심층적인 연습, 제대로 된 훈련과 코칭, 학습하는 것이 임계점을 돌파하는 데 훨씬 더 유리하기 때문이다.

그는 브론테 자매에 대해서도 똑같은 일이 벌어졌다고 한다. 처음에는 그들이 모두 미숙하고 형편없는 실력의 글쓰기를 했지만, 제대로 된 훈련과 연습, 스스로 놀라운 학습(전문가를 통한 코칭이 중요한 이유) 등을 통해 그들은 위대한 작가가 되었다고 말하면서 그 비밀을 우리에게 알려 준다.

브론테 자매의 초기 글쓰기 실력에 대한 그의 평가를 살펴보면, 당신은 임계점의 과정을 쉽게 이해할 수 있을 것이다.

"전기 작가들은 브론테 자매의 막무가내식 글쓰기, 오싹할 정도로 엉망인 맞춤법, 10대 후반에 쓴 글에서도 찾아볼 수 없는 구두점 등을 그럴듯하게 얼버무린다. 눈에 띄는 미숙한 사고의 흐름과 성격 묘사도 마찬가지이다. 초기 작품에 나타나는 이런 요소들 때문에 브론테 자매가 어린 나이에 그처럼 왕성한 문학적 시도를 했다는 사실이 평가절하되는 것은 아니다. 그러나 그들이 타고난 소설가라는 관점의 근거는 심하게 흔들린다."

- 대니얼 코일, [탤런트 코드] 중

한마디로 그들은 타고난 소설가가 아니었다. 그런데도 그들이 위대한 작가가 될 수 있었던 비결에 대해 그는 이렇게 설명하고 주장한다.

> "초기 작품의 미숙함은 그들이 궁극적으로 성취한 문학적 위상과 모순되지 않는다. 오히려 그것은 선결 조건이다. 그들은 미숙한 모방으로 시작했음에도 위대한 작가가 된 것이 아니라, 미숙한 모방에 엄청난 양의 시간과 노력을 기꺼이 쏟아부었기 때문에 위대한 작가가 될 수 있었다."
>
> - 같은 책 중

바로 여기에 임계점 돌파의 비밀이 있다. 엄청난 양의 시간과 노력을 기꺼이 쏟아붓는 것이 가장 선결 조건이다. 여기에 제대로 된 심층 연습, 혹은 정확한 전문가의 놀라운 코칭 혹은 제대로 된 모방이나 학습력이 추가된다면 당신은 분명히 임계점을 돌파하는 사람이 될 수 있다.

마지막으로 한 사람만 더 소개한다면, 바로 빈센트 반 고흐다. 그도 역시 임계점을 돌파한 위대한 거장이다. 그가 천부적인 재능이나 예술적인 감각이 있었던 것은 아님을 우리는 알 수 있다.

그의 초기 작품들은 평균 이하의 작품이었다. 즉 그에게서 그 어떠한 비범한 재능은 도저히 찾아볼 길이 없었다는 것이다. 그는 심지어 다른 화가들의 작품 속에 들어있는 모습들을 가져와 자기의 그림을 그리는 데에 도용하고 이용했다. 이때는 창의성이 전혀 나오지 않았다. 임계점을 돌파하기 전에는 그 어떤 창의성도, 전략도, 방법도 눈에 보이지 않기 때문이다.

하지만 고흐는 포기하지 않고, 계속해서 독학하면서 미술을 배워나갔고, 동시에 그는 엄청난 양의 그림을 그리면서, 임계점을 돌파하는 과정을 제대로 밟아갔다. 그의 대표적인 학습방법은 옛 화가들의 작품을 모사하거나 미술 교본을 보고 스케치하는 법을 그대로 따라하면서 자신을 발전시키고, 그림을 배워가는 것이었다.

위대한 거장도 "천릿길은 한 걸음부터"라는 사실을 잘 알고 있었다. 거장 빈센트 반 고흐도 처음에는 엄청난 양의 모작을 통해 기초와 기본을 튼튼하게 쌓아갔다는 사실을 우리는 명심해야 한다.

그는 임계점을 돌파하기 위해 배우고 또 배웠으며, 그리고 또 그렸다. 그는 안톤 마우버Anton Mauve에게서 수채화와 유화 기법을 배웠고, 1885년에는 벨기에의 무역 항구 도시인 안트베르펜Antwerpen에서 미술 공부를 계속했다. 이처럼 그의 화가로서의 초기의 삶의 모습은 공부와 배움, 모사 작업이 전부였다.

그가 7년 정도의 시간 동안 독학과 모사와 모방 작업을 기초로 하여 엄청난 훈련과 연습을 통해, 완전 아마추어로 무모하게 시작한 미술에서 세계적으로 천재적인 도약을 마침내 이룩했음을 알 수 있다.

임계점을 돌파하는 순간, 창의성과 생산성은 폭발한다는 사실을 반 고흐 역시 보여 주는 것이다.

제대로 된 전문적인 교육을 받은 적이 없이 무모하게 시작한 미술 분야에서 그가 10년도 채 안 되는 짧은 기간에 무려 2,000점 이상의 작품을 남겼다는 점을 간과해서는 안 된다. 900여 점의 페인팅과 1,100여 점의 드로잉과 스케치 등 총 2,000여 점의 작품을 10년도 안 되는 짧은 기간에 남길 만큼 그는 폭발적인 창작 활동을 했다. 더 놀라운 사실은 바로, 그중에서도 그의 다작의 시기는 후기 3년 정도에 집중되어 있다는 사실이다.

이것은 임계점을 돌파한 후 창의성과 생산성이 폭발적으로 증가할 뿐만 아니라, 돌파 이후에 작업한 작품이 세계적인 수준의 작품이 된다는 사실이다. 이것은 모차르트도 그렇고, 피카소도 그렇고, 프로이트도 그렇고, 아인슈타인도 그렇다.

인류 역사상 1%의 천재들과 거장들도 대부분 처음부터 잘하는 사람은 없다. 그들도 모두 임계점을 돌파한 사람에 불과하다는 사실을 명심해야 한다.

누구나 부자가 되려고 한다
하지만 소수만이 부자가 된다

탈무드의 속담에 "바다를 만들고 싶은 사람은 냇물부터 만들어야 한다"라는 속담이 있다. 처음부터 바다를 만들고자 하는 사람은 반드시 실패하게 되어 있다. 냇물부터 하나씩 만들다 보면, 그것이 모여 바다가 되는 것이다. 실력이나 재능도 마찬가지이다. 부자가 되는 것도 마찬가지다.

천재로 도약할 만큼 놀라운 재능은 모작이나 모방 작업과 같은 보잘것없는 훈련이 수천 번이 모여 이루어지는 것이다. 수천 번, 수만 번이 모이고 쌓여야 임계점을 돌파할 수 있다. 누구나 부자가 되려고 하지만, 소수만이 부자인 이유가 바로 여기에 있다.

임계점을 돌파하기 위해서는 반드시 시련과 역경을 이겨내야 하고, 오랜 기간을 한 가지에 집중할 수 있어야 하기 때문이다. 당신은 시련과 역경을 이겨낼 힘을 가지고 있는 거?

사마천은 시련과 역경을 이겨내고 극복할 수 있었기 때문에 [사기]라는 중국 최고의 역사서를 집필할 수 있었고, 중국 최고의 역사가로 도약할 수 있었다. 임계점을 돌파하기 위해서는 반드시 시련과 역경을 이겨내야 한다는 선결 조건이 필요하다.

> "바른 역사를 기록해 후세에 길이 전하는 것이 나의 사명이고, 그 사명을 다하기 전엔 결코 죽을 수 없다."

그가 사형이 아닌 궁형을 선택하여, 비참한 삶을 선택하면서까지 살아남은 이유이다. 그는 자신처럼 시련과 역경을 통해 위대한 업적을 남긴 이들에 대해 다음과 같이 말하기도 했다.

옛날 주나라 문왕文王은 유리에 갇혀 있었기 때문에(분기함으로써) [주역周易]을 풀이할 수 있었고, 공자孔子는 진나라와 채나라 사이에서 오도 가도 못 하는 고난을 겪었기 때문에 [춘추]를 지었으며, 굴원屈原은 초나라에서 강남으로 쫓겨나는 신세가 되어 [이소離騷]를 지었고, 좌구명左丘明은 눈이 먼 다음에도 [국어國語]를 남겼다. 손빈(손자)은 다리를 잘림으로써 [병법(병법)]을 찬술하였고, 여불위(여불위)는 촉나라로 귀양 가는 바람에 [여씨춘추]를 전했으며, 시 300편은 대체로 현인과 성자들이 고난 속에서 발분하여 지은 것이다.

사마천은 궁형의 치욕과 아픔을 통해, 요순시대부터 한 무제까지 2천 년 동안의 중국 역사를 기록함으로써, 역사 기록의 전범^{典範}으로 꼽히는 [사기]의 저자가 될 수 있었다. 이처럼 시련과 역경을 극복할 수 있었기에, 확고한 목표와 용기와 끈기가 있었기에, 그는 임계점을 돌파할 수 있었다.

임계점을 돌파한 인간은 자신의 능력을 100% 이상 발휘해 내어, 큰 업적을 달성해 낼 수 있고, 임계점을 돌파한 사람은 부자가 될 수 있고, 천재가 될 수 있고, 전문가가 될 수 있다.

누구보다 빨리 **진짜 부자** 되는 법

부의 임계점

초판 인쇄 2021년 2월 1일
초판 발행 2021년 2월 5일

지은이 로니 박, 김병완
발행인 (주)플랫폼연구소 | **출판등록** 제 2020-000075 호

전화 010-3920-6036 / 02-556-6036 | **팩스** 050-4227-6427
이메일 pflab2020@naver.com

주소 서울특별시 강남구 역삼로 220 홍성빌딩 1층

ISBN 979-11-913960-0-3 (03000)